Michael Hartmann/Mathias Schmidt
Feuerwehr Frankfurt
Brandschutz in einer Metropole
Band 2

Michael Hartmann,
Jahrgang 1947, ist der Feuerwehr seit seiner Jugend eng verbunden. Er leistete aktiven Dienst bei den freiwilligen Feuerwehren von Königstein/Taunus, Bad Vilbel und Frankfurt-Schwanheim. 1968 trat er in die Berufsfeuerwehr Frankfurt/Main ein, wo er als Brandmeister Dienst machte. Nicht erst seitdem er aus gesundheitlichen Gründen in den vorzeitigen Ruhestand versetzt wurde, beschäftigt er sich intensiv mit der modernen Frankfurter Feuerwehrgeschichte. Er verfügt über ein umfangreiches Archiv von Fotos und Schriftstücken zur Feuerwehrhistorie.

Mathias Schmidt
wurde 1962 in Frankfurt geboren und trat im Alter von 14 Jahren in die Jungendfeuerwehr des Stadtteils Oberrad ein. Seit 1981 gehört er der Berufsfeuerwehr an und versieht heute seinen Dienst als Brandmeister auf der Feuerwache 2 im Frankfurter Nordend. In seiner Freizeit beschäftigt er sich mit Feuerwehr-Fahrzeugtechnik und mit der Fotografie. Er ist im Besitz eines umfangreichen Bildarchivs von Feuerwehrfahrzeugen aus Deutschland und ganz Europa.

Michael Hartmann/Mathias Schmidt

Feuerwehr Frankfurt

Brandschutz in einer Metropole
Band 2

Die Titelabbildung zeigt RW-OEL und WLA-Combi bei einer Übung auf dem Werksgelände des Chemieunternehmens Cassella AG in Fechenheim. Geübt wird das Umpumpen von gefährlichen Flüssigkeiten aus einem leckgeschlagenen Kesselwagen.

Die Deutsche Bibliothek – CIP-Einheitsaufnahme

Feuerwehr Frankfurt: Brandschutz in einer Metropole/
Michael Hartmann/Mathias Schmidt.–
Nürnberg: MIBA Verlag GmbH
NE: Hartmann, Michael; Schmidt, Mathias
Bd. 2 (Red.: Karlheinz Oechsler) – 1. Aufl. – 1995
ISBN 3-86046-014-5
NE: Oechsler, Karlheinz (Red.)

1. Auflage 1995
© by MIBA-Verlag GmbH, Nürnberg
Alle Rechte vorbehalten
Nachdruck, Reproduktion und Vervielfältigung – auch auszugsweise oder
mit Hilfe elektronischer Datenträger – nur mit vorheriger schriftlicher
Genehmigung des Verlages.
Redaktion: Karlheinz Oechsler
Einbandgestaltung und Layout: Grafik-Design Baeuerle, Augsburg
Litho: Satz & Repro Hueber, Neutraubling
Druck: Europlanning Srl., Verona
ISBN 3-86046-014-5

Inhalt

Vorwort	7
Organisation der Branddirektion	9
Die Feuerwehr Frankfurt a.M. und der Umweltschutz	11
Der Wasserrettungszug (WRZ)	13
Atem- und Umweltschutzzug (AUZ)	22
Ölalarmzug (ÖAZ)	36
Gefahrgutzug (GGZ)	49
Das Wechselladerprogramm	53
Vorläufer des Wechselladerprogramms	54
Trägerfahrzeuge für Wechselladeraufbauten	57
Wechselladeraufbauten (WLA)	58
Kettenfahrzeug (KF)	64
Der Betreuungszug	67
Sonstige Einsatzfahrzeuge	71
Kleinlöschfahrzeuge und Gerätewagen	72
Anhängerfahrzeuge	77
Die Einachsanhänger	78
Anhänger der 16-Tonnen-Klasse	81
Die Wasserfahrzeuge der Berufsfeuerwehr Frankfurt a.M.	83
Nicht verwirklichte Projekte	93
Neue Technologien und Verfahren	97
Einsatz und Organisation, Technik und Ausbildung	
Abteilung 37.21 Einsatzplanung, Organisation und Einsatzleitung	101
Abteilung 37.3 Technischer Dienst	105
Abteilung 37.4 Ausbildung und Umweltschutz	113
Krankentransport und Rettungsdienst	115
Die Freiwillige Feuerwehr Frankfurt a.M.	131
Der Kreisfeuerwehrverband Frankfurt a.M.	133
Die Fahrzeuge der Freiwilligen Feuerwehr Frankfurt a.M.	135
Die Gerätehäuser der Freiwilligen Feuerwehr	145
Die Arbeitsgemeinschaft der Frankfurter Hilfsorganisationen AGFH	147
Der Katastrophenschutz	149
Die Fahrzeuge des Katastrophenschutzes	151
Der Gewässerschutzzug GWZ	153
Der ABC-Zug	157
Die Fahrzeuge des ABC-Zuges	158
Nachtrag zu Band 1	160
Bildnachweis	160

Vorwort

Feuerwehr – das ist „retten, löschen, bergen, schützen". Wobei allerdings nur noch etwa ein gutes Viertel aller Alarmeinsätze auf das Konto „löschen" geht. Die weitaus größere Anzahl der „Ausrücker" muß der Hilfeleistung gewidmet werden. Die technische Seite dabei, etwa der klassische Verkehrsunfall, bei dem es gilt, Verletzte aus Autowracks zu holen, gerät ebenfalls zunehmend in den Hintergrund.

Gefragt ist die Feuerwehr in letzter Zeit vor allem beim Beseitigen von gefährlichen Stoffen. Gut die Hälfte der technischen Einsätze einer modernen Großstadt-Feuerwehr entfällt auf den Umgang mit Ölen, Säuren, Laugen, radioaktiven Materialien oder anderen verunfallten und für die Umwelt schädlichen Chemikalien. Die Feuerwehr ist heute mehr denn je das echte „Mädchen für alles".

In unserem ersten Band „Feuerwehr Frankfurt – Brandschutz in einer Metropole" haben wir ausführlich den Bereich beschrieben, der der Feuerwehr ihren Namen gab. Die Löschfahrzeuge, die nach wie vor den Großteil des Fuhrparks ausmachen, die Fahrzeuge und Geräte der Hilfeleistungszüge nahmen einen breiten Raum ein.

Im vorliegenden Band 2 wenden wir uns nun den weiteren Einrichtungen der Frankfurter Feuerwehr zu. Ein großer Teil der folgenden Seiten ist dabei den Sondereinheiten vorbehalten, die sich mit oben beschriebener Problematik auseinanderzusetzen haben. Ölalarmzug ÖAZ, Atem- und Umweltschutzzug AUZ, Wasserrettungszug WRZ und Gewässerschutzzug GSZ sind nur einige der Frankfurter Spezialitäten, die detailliert beschrieben und im Bild gezeigt werden.

Darüber hinaus stellt die Feuerwehr in Frankfurt den Rettungsdienst, dessen Geschichte und Fuhrpark nicht zu kurz kommen.

Der dritte Schwerpunkt zeigt den Teil der Feuerwehr, ohne den ein reibungslos funktionierender Brandschutz in einer Großstadt heutzutage nicht mehr möglich wäre: die Freiwilligen Feuerwehren, die in Frankfurt stärker als andernorts in den täglichen Dienst der beruflichen einbezogen werden. Ihre Geschichte, ihre Gerätehäuser und ihre Fahrzeuge werden vorgestellt.

Abgerundet wird das Buch durch die Beschreibung verschiedener Entwicklungen, die über das Planungsstadium kaum hinaus gekommen sind. Trotzdem legen sie Zeugnis davon ab, wie sehr die Feuerwehr der Mainmetropole schon immer Vorreiter war für Entwicklungen, die bei allen Feuerwehren dieser Welt im Laufe der Zeit zur Selbstverständlichkeit wurden.

Allen Kollegen der Frankfurter Feuerwehr und der Branddirektion ein herzliches Dankeschön für ihre Unterstützung bei der Erstellung dieses Buches.

Michael Hartmann
Mathias Schmidt
Frankfurt, im Oktober 1995

Organisation der Branddirektion

Im Zuge der allgemeinen Verwaltungsreform und des vorgegebenen und einzuhaltenden Sparprogramms wurde die Branddirektion per 1.6.94 komplett umstrukturiert. Nach wie vor rückt die Feuerwehr zu Einsätzen aus, jedoch hat sich der organisatorische Hintergrund komplett verändert. Vergleicht man die Grafiken aus Band 1, Seite 26, mit dem hier vorgestellten Schema, läßt sich folgendes ablesen: Die Verwaltung wird in Abteilung 5 umgewidmet.

Der Bereich 37.1 wird dem vorbeugenden Brandschutz zugeordnet, wobei der Abteilung 37.11 (Baulicher Brand- und Immissionsschutz) wachsende Bedeutung zukommt. Gilt es doch immer mehr Bauten der chemischen Industrie mit zum Teil gentechnischer Aufgabenstellung zu begutachen.

Neu bei Abteilung 37.2, Abwehrender Brandschutz, sind die Sachgebiete 37.22, EDV-Koordination und Einsatzleitrechner. Hier wird die gesamte Datenpflege und Pflege des Rechners der Einsatzleitstelle koordiniert. Das neugeschaffene Sachgebiet 37.24, Rettungsdienst, überwacht und betreut nicht nur den Frankfurter Rettungsdienst, sondern auch den Luftrettungs- und Rettungsdienst überregional im Sinne des Rettungsdienstgesetzes. Die ehemalige Abteilung 37.4 (Katastrophenschutz) wurde mit dem Sachgebiet 37.25 Katastrophenschutz/Freiwillige Feuerwehr zusammengelegt.

Hier handelt es sich um eine Arbeitsvereinfachung, da die meisten für den Katastrophenschutz freigestellten Kameraden einer Freiwilligen Feuerwehr angehören. Somit wird hier die personelle Betreuung dieses Perso-

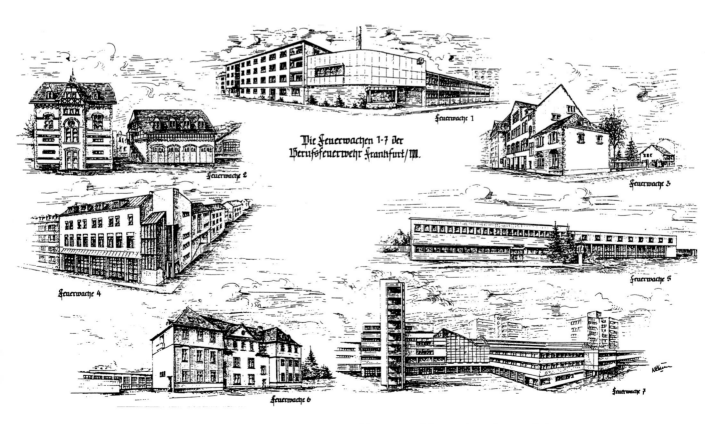

1 *Die Zeichnung macht's möglich: die sieben Feuerwachen der Frankfurter Berufsfeuerwehr auf einen Blick*

ORGANISATION DER BRANDDIREKTION

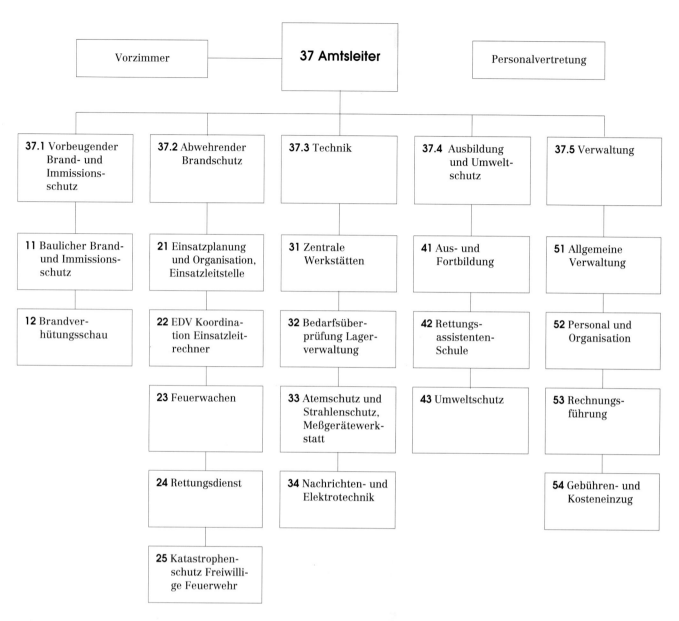

(Stand Sommer 1995)

nenkreises konzentriert bearbeitet. Die ehemalige Abt. 37.4, Katastrophenschutz, wurde aufgelöst.

Am Schema der Abteilung 37.3, Technik, wurde nichts geändert. Nur geht es darum, die Abt. 37.31, zentrale Kraftfahrzeugwerkstätten, zu erhalten. Seitens der Stadtverwaltung wurde gefordert, diese Abteilung aufzulösen und in die städtischen Zentralwerkstätten zu integrieren. Jedoch konnte sich die Frankfurter Feuerwehrführung erfolgreich gegen diese Verlagerung zur Wehr setzen. Die Werkstatt ist spezifisch auf Feuerwehrbelange ausgelegt, und bei den Mitarbeitern herrscht das nötige Know-how, sei es bei Drehleitern aller Art oder Feuerlöschkreispumpen. Die Abteilung 37.4, Ausbildung und Umweltschutz, wurde völlig neu geschaffen und gestaltet.

Das Sachgebiet 41 koordiniert die Ausbildung im feuerwehrtechnischen Bereich für Berufs- und Freiwillige Feuerwehr. Ebenfalls gehört die angeschlossene Fahrschule dazu. Seit 1993 betreibt die BF eine eigene Rettungsdienstschule, die auch ab 1.4.95 die Genehmigung besitzt, Rettungsassistenten auszubilden.

Das Sachgebiet 37.43, Umweltschutz, wurde bei Abteilung 37.4 eingegliedert und ist für den Atem- und Umweltschutzzug der Feuerwache 7 zuständig und koordiniert die Aus- und Fortbildung des Personals, um mit den ständig wachsenden Wissensanforderungen Schritt zu halten. Somit ergibt sich, daß sich die Branddirektion zu einem technisch hochmodernen, den Anforderungen der Zeit gewachsenen Amt umgewandelt hat.

Die Feuerwehr Frankfurt und der Umweltschutz

Der Begriff Umweltschutz und Hilfsmaßnahmen bei Umweltschadensfällen sind heute jedem Bürger bekannt und werden schon allgemein vorausgesetzt. Immer wieder hört man von Großschadensfällen wie z.B. dem Sandoz-Brand und dessen Folgen für den Rhein oder von der Katastrophe von Tschernobyl. Auch beunruhigte in jüngster Zeit eine Serie von Zwischenfällen in der chemischen Industrie die Bevölkerung nicht nur in Frankfurt erheblich.

Die zunehmende Zahl von Gefahrgütern aller Art, die auf der Straße, der Schiene oder auf Wasserwegen transportiert werden, birgt ein großes Gefahrenpotential bei Unfällen in sich. Mineralöle sind zwar die meist an Havarien aller Art beteiligten Stoffe, dürften beim Spektrum der Gefahrgüter heutzutage aber zu den harmloseren Stoffen gezählt werden. Aus den klassischen Feuerwehraufgaben der Brandbekämpfung und Hilfeleistung bei Verkehrsunfällen erwuchs der Feuerwehr ein neuer Aufgabenbereich, in dem Hilfe bei Unfällen mit Gefahrgütern aller Art geleistet werden muß.

Wie bekannt, ist die Feuerwehr meist als erste Hilfseinheit vor Ort und trifft entsprechende Hilfs- und Abwehrmaßnahmen. Natürlich wird vorausgesetzt, daß die Feuerwehrkräfte das notwendige technische Know-how mitbringen, so auch in Frankfurt.

Es wurden schon frühzeitig nach dem Kriege Sonderfahrzeuge entwickelt und zu Spezialeinheiten zusammengefaßt, die einzeln oder fachübergreifend eingesetzt werden können. Die Pionierarbeit auf dem Gebiet des Umwelt- und Gefahrguteinsatzes hat in Frankfurt bereits eine mehr als dreißigjährige Tradition und beweist sich in der Tatsache, daß verschiedene Fahrzeuge für Spezialaufgaben bereits in dritter oder vierter Generation im Einsatz stehen.

Solche Spezialeinheiten erfordern naturgemäß hohe Investitionen, es braucht Überzeugungsarbeit gegenüber Politikern, die die finanziellen Mittel genehmigen müssen, und den Bürgern, mit deren Steuergeldern die Gerätschaften finanziert werden müssen. Das überzeugendste Argument ist wohl, wenn die Feuerwehr bei ei-

2 *Übung mit dem „Badetauchretter" auf dem Hof der Feuerwache Burgstraße im Jahre 1928. Dieses Konzept der „Wasserrettung" setzte sich nicht durch, Zeit und Technik waren noch nicht reif.*

DIE FEUERWEHR UND DER UMWELTSCHUTZ

nem Unglücksfall Schäden für Leben und Sachwerte verhindern oder in Grenzen halten kann. Einen hundertprozentig optimalen Schutz wird es wohl nie geben.

Es ist jedoch beruhigend zu wissen, wenn in einer Stadt wie Frankfurt mit dem Frankfurter Kreuz, Haupt- und Güterbahnhof sowie dem Rhein-Main-Flughafen und an mehreren Standorten vorhandener chemischer Industrie Spezialeinheiten vorgehalten werden, die für eventuelle Ernstfälle dem Stand der Technik entsprechend gerüstet sind. In Frankfurt stehen für das Spektrum der Umwelteinsätze (Sammelbegriff) Einheiten bereit, die jeweils einen Zug bilden:

1 Wasserrettungszug	WRZ	FW 3
2 Atem- und Umweltschutzzug	AUZ	FW 7
3 Ölalarmzug	ÖAZ	FW 1 und FW 6
4 Gefahrgutzug	GGZ	FW 6
5 Feuerlöschboot	FLB	Außenstelle FW 1
6 Gewässerschutzzug	GWZ	Freiwillige Feuerwehr FF Rödelheim und Technisches Hilfswerk
7 ABC-Zug	FW 7	Sondereinheit des Katastrophenschutzes

Die Ausrüstung dieser Einheiten, die natürlich dem neuesten Stand der Technik entspricht, wird durch Erfahrungen immer wieder ergänzt. Auch zwingen schärfer werdende gesetzliche Vorschriften die Feuerwehr zum Umdenken. So wurde auf der Feuerwache 6 in Ffm-Sachsenhausen ein umfangreicher rückwärtiger Dienst geschaffen. Kontaminiertes Gut (z.B. Ölbindemittel) wird in Spezialbehälter verpackt und zur Entsorgung an die Hessische Industriemüll GmbH (HIM) weitergeleitet.

Es kann gesagt werden, daß in den Sondereinheiten, die in den folgenden Kapiteln beschrieben werden, Spezialisten Dienst leisten, die sich neben ihrem Feuerwehrberuf ein umfangreiches Sonderwissen angeeignet haben, um den Aufgaben, in denen sie eingesetzt werden, dem Wohle der Bürger und der Umwelt gerecht zu werden. Die an diese Einleitung angegliederten Kapitel zeigen in zeitlicher Abfolge die in Frankfurt im Umweltschutz tätigen Züge und deren Entwicklung.

Wie auch schon bei den im Band 1 vorgestellten Fahrzeugen wird auch beim Wasserrettungs-, dem Atem- und Umweltschutz- sowie dem Ölalarmzug in verschiedenen (teilweise der vierten Generation) gerechnet. Dies wiederum zeigt, wie schnell die technische Entwicklung fortschreitet und sich die Frankfurter Feuerwehr den jeweiligen aktuellen Forderungen stellt und Lösungen findet.

Die Wasserrettung, in Frankfurt schon mit alter Tradition aus den dreißiger Jahren behaftet, wurde nach dem Kriege zum Wasserrettungszug WRZ ausgebaut und bildet heute eine moderne Einheit, deren Aufgaben weit über die Wasserrettung hinausgehen.

Zu den begleitenden Maßnahmen der Brandbekämpfung gehört seit jeher Atemschutz zwecks Eigenschutz der eingesetzten Kräfte. Besaß die Frankfurter Feuerwehr in den fünfziger Jahren nur ein Fahrzeug für Atemschutzzwecke, führten steigende Anforderungen 1962 zur Einführung eines Atemschutzzuges, der sich infolge der ständigen Aufgabenerweiterung zum heutigen Atem- und Umweltschutzzug in Vierfahrzeugform entwickelte.

Neue Gefahrenschwerpunkte forderten die Frankfurter Feuerwehr erneut heraus. Diesmal war es die zunehmende Zahl von Unfällen mit Mineralölprodukten. Dies führte 1965 zur Aufstellung eines Ölalarmzuges, der in modifizierter Form auch heute noch aktuell ist.

Als jüngstes Kind der im Umweltschutz tätigen Einheiten ist der Gefahrgutzug GGZ zu nennen. Seit 1987 wurden im Rahmen des Wechselladersystems Spezialaufbauten für ebendiesen Zweck angeschafft. Das umfangreiche Wechselladerprogramm ergänzt die Zugeinheiten fachübergreifend, eine Zusammenarbeit der verschiedenen Züge je nach Einsatzerfordernis ist selbstverständlich. Die in der Tabelle gezeigten Einheiten Gewässerschutz und ABC-Zug werden genau wie das Feuerlöschboot gesondert vorgestellt.

Der Wasserrettungszug

WRZ

Die Stadt Frankfurt, geteilt durch den Main in Nord und Süd, hatte schon immer das Problem, daß sich auf dem Main Unfälle mit Gefährdungen für Leib und Leben sowie Sachwerten ereigneten.

Dabeistehen und zusehen hilft wenig, und so schuf man 1928 einen Dienstzweig, der sich mit „Wasserrettung" befaßte. Es wurde ein „Badetauchretter" (Dräger-Rettungstaucher) beschafft und mit diesem Gerät in den Sommermonaten Übungen abgehalten. Da es keine hundertprozentige Ausbildung gab, wurde dieses Gerät nur einige Male ernstfallmäßig eingesetzt. Der Badetauchretter war 1938 nicht mehr einsatzklar, und der Wasserrettungsdienst war „in Schönheit" gestorben. Nach dem Kriege nahmen die Hilferufe der Bevölkerung bei Wassernotfällen erschreckend zu und veranlaßten Branddirektor Lomb (1945 – 1955) 1947 erneut einen Wasserrettungsdienst aufzubauen.

Es wurden beschafft:
- 2 Dräger-Helmtauchgeräte DM 40 für eine Tauchtiefe von 40 m,
- 1 Dräger-Tauchgerät Badetauchretter, Modell 1938,
- 1 Motor-Sturmboot aus Wehrmachtsbeständen,
- 1 Schlauchboot.

Eigene Werkstätten fertigten Suchketten, Suchrechen, Taucherstuhl und weiteres Sonderzubehör. Die Taucher waren Freiwillige, die fachlich und ausbilderisch von Tauchermeister Schreiber, einem ehemaligen Marinetaucher, betreut wurden.

Zum Transport all dieser Dinge hatte der erste Wasserrettungszug zwei Fahrzeuge. Als Mannschafts- und Geräteträger diente der Taucherwagen, ein umgebautes Löschfahrzeug. Die zweite Komponente des Zuges bildete der Bootswagen, ebenfalls ein umgebautes Löschfahrzeug aus alten Beständen. Das Prinzip der Trennung in Taucher- und Bootswagen in dieser ersten Generation hat sich bis heute erhalten, und es folgten mehrere jeweils modernisierte Fahrzeuge dieser Art. Vollzieht man einen Zeitsprung in das Jahr 1970, stellt sich der Wasserrettungszug als Vierfahrzeugzug dar. Als Führungsfahrzeug fungierte ein DKW-Munga aus Beständen des Zivilen Bevölkerungsschutzes. Es folgten wiederum der Taucherwagen und die Bootswagen 1 und 2 zur Einsatzstelle. Der zweite Bootswagen dürfte sich wohl mit der zunehmenden Einsatzzahl bei Mineralölunfällen auf dem Main erklären lassen: Zusätzlicher Platz für Ölsperren und Ölbindemittel war nötig. Der Bootswagen BW 1 führte eine transportable Taucherdruckkammer von Dräger zur Rettung bei Taucherunfällen mit, und auf beiden Fahrzeugdächern befand sich je ein Leichtmetall-Motorboot. Der Zug in dieser Kombination stellte die zweite Generation Wasserrettungszug dar.

Die dritte Generation bestand aus einem neuen Taucherwagen (1979) und einem Bootswagen von 1983. Die vierte Generation dieses Zuges setzt sich aus dem Taucherwagen mit Dräger-Druckkammer Transcom (1991) und dem 1983 beschafften Bootswagen zusammen. Mit der Einführung der ELW im Jahr 1980 wurde der Jeep als Führungsfahrzeug überflüssig. Selbstverständlich ist jetzt, daß jeweils das Hilfeleistungslöschfahrzeug des Zuges 3 zur Unterstützung der Taucher mit ausrückt. Die Sonderfahrzeuge sind jeweils mit Führer und Fahrer (1/1) besetzt.

Sollte durch Reparaturen bedingt der Taucherwagen ausfallen, steht auf der Wache ein Klein-Lkw zum Transport der Transcom bereit. Eine fast vergessene Ergänzung des Wasserrettungszuges bildet ein Trailer mit Re-

3 *Die zweite Generation des Wasserrettungszuges, bestehend aus (von links nach rechts) dem Kommandowagen DKW-Munga aus Beständen des Zivilschutzes, dem Taucherwagen und den Bootswagen 1 und 2; letzterer war das erste Fahrzeug in Frankfurt mit Frontlenker-Fahrerhaus und Rolladenverschlüssen (1970).*

DER WASSERRETTUNGSZUG

serveboot. So ist unter widrigen Umständen der Einsatz der Tauchergruppe gewährleistet. In einem solchen Fall werden die wichtigsten Geräte der beiden Sonderfahrzeuge auf Kleinbusse des Katastrophenschutzes oder Abteilung Einsatz und Organisation verlastet, und die Einsatzbereitschaft des WRZ ist weiterhin gewährleistet.

Das Einsatzgebiet des zentral auf der Feuerwache 3 im Westend stationierten Wasserrettungszuges, von den Kollegen einfach „Taucherzug" genannt, umfaßt die Bundeswasserstraße Main mit ihren Nebenflüssen und Hafenanlagen sowie Seen und Kiesgruben in der gesamten Region. Natürlich kann dieser Zug auch überregional eingesetzt werden.

Das Einsatzspektrum reicht von Menschenrettung bis hin zu Leichenbergung, Suchen nach verlorengegangenen Gegenständen und Hilfeleistungen bei Schiffsunfällen aller Art. Ein Haupteinsatzgebiet jedoch beinhaltet das Eingrenzen und Auffangen wassergefährdender Stoffe, wobei eng mit dem Feuerlöschboot, dem Ölalarm- oder Gefahrgutzug zusammengearbeitet wird.

4 *Wasserrettungszug in dritter Generation mit Bootswagen (1983) und Taucherwagen (1979)*

5 *Die vierte Generation Wasserrettungszug mit dem Bootswagen (1983), dem Taucherwagen (1991) und einem HLF von 1992*

DER WASSERRETTUNGSZUG

6 Alle Tauchausrüstungsvarianten auf einen Blick, von links nach rechts: 1. altes Helmtauchgerät DM 40; 2. neues Helmtauchgerät DM 220/2; 3. Trockentauchanzug Typ Dräger Tornado; 4. Neoprene-Naßtauchanzug; 5. Signalmann.

7 Ein Taucher, ausgerüstet mit dem Dräger-Helmtauchgerät DM 40, steigt ab.

Ausgebildet und trainiert werden die Taucher von Lehrtauchern der BF Frankfurt. Selbstverständlich ist, daß auch Taucher auswärtiger Feuerwehren des Rhein-Main-Gebietes an den Lehrgängen teilnehmen. Taucher, die bekannterweise besonderen körperlichen Anforderungen gerecht werden müssen, unterliegen regelmäßigen medizinischen Untersuchungen.

Zur Schulung des Personals verfügt die Feuerwache 5 über einen im Steigturm eingebauten Tauchkessel mit 75,4 cbm Wasserinhalt. Der Kessel ist 13,57 m hoch bei einem Wasserstand von 12,935 m und einem Durchmesser von 2,8 m. Eine Arbeitsplattform kann bis unter die 10-m-Grenze abgesenkt werden und ermöglicht so das Arbeiten in verschiedenen Tiefen. In jedem Geschoß sind Sichtfenster zur Beobachtung der Taucher von außen eingebaut. Der Tauchturm wird selbstverständlich auch von der Bereitschaftspolizei, der Deutschen Lebensrettungsgesellschaft und privaten Tauchclubs für Übungszwecke genutzt und steht somit einem großen Kreis von Fachleuten zur Verfügung.

Der Wasserrettungszug der Berufsfeuerwehr verfügt über 15 Lehrtaucher und 33 Taucher auf drei Wachabteilungen verteilt. Das in Frankfurt entwickelte Prinzip der Wasserrettung hat sich bereits in der Praxis bei zahlreichen Einsätzen bewährt, und der Zug ist in seiner Konzeption und Zusammensetzung in Deutschland einmalig.

Taucherwagen TW

1947, im Gründungsjahr des Wasserrettungsdienstes zu Nachkriegszeiten, existierten keinerlei Spezialfahrzeuge für diese neue Feuerwehraufgabe. Einerseits galt es, Mannschaft und Gerät zu transportieren, andererseits mußte ein Boot für den Einsatz auf dem Wasser herangeführt werden. Bis 1950 gab es für Mannschaft und

8 Der Taucher im Trockentauchanzug Dräger Tornado KV wassert. Rechts im Bild der Signalmann, der direkte Verbindung zum Taucher hält, und in Bildmitte der Wasserrettungszugführer.

DER WASSERRETTUNGSZUG

9 *Der Taucherwagen der ersten Generation wurde im Jahre 1947 aus einem Löschfahrzeug MB L 3750 (1940) umgebaut; es handelte sich um ein Großes Löschgruppenfahrzeug GLG. In den Geräteräumen war die Taucherausrüstung untergebracht, anstatt der tragbaren Leitern wurde auf dem Dach ein Schlauchboot mitgeführt.*

10 *In zweiter Generation der Taucherwagen stand der MB LAF 322 AF von Metz mit Kofferaufbau zur Verfügung.*

Gerät kein Fahrzeug. Herrschende Verhältnisse der damaligen Zeit ließen die Industrie noch keine Sonderfahrzeuge für Spezialaufgaben anbieten. Somit rüstete die Feuerwehr Frankfurt in Eigeninitiative kurzerhand ein Löschgruppenfahrzeug LF 15 zum Taucherwagen TW der ersten Generation um. Es handelte sich um einen Mercedes Benz L 3750 aus dem Jahre 1940.

Dieses Fahrzeug brachte die Taucher zur Einsatzstelle, und in den Geräteräumen waren Tauchgeräte und die umfangreiche ebenfalls in Eigenregie hergestellte Ausrüstung untergebracht. Ein markantes Zeichen dieses „Sonderfahrzeuges" stellte das auf dem Fahrzeugdach gelagerte Schlauchboot dar. Die zweite Generation Taucherwagen wurde 1963 schon zum eigenständigen Sonderfahrzeug. Auf einem Fahrgestell Mercedes-Benz LAF 322 wurde ein kastenförmiger Metz-Kofferaufbau montiert, der ein Zeichen setzte für nachfolgende Fahrzeuggenerationen. Die Kofferform wurde gewählt, um den Tauchern das stehende Umkleiden während der Anfahrt zur Einsatzstelle zu ermöglichen. Sämtliche erforderlichen Taucheranzüge und ergänzende persönliche Ausrüstung befanden sich rechts und links eines Ganges im Innenraum des Aufbaus. Der Taucherwagen zeigte bereits sehr früh die Frankfurter Rot-Weiß-Lackierung und blieb 16 Jahre im Dienst.

Die dritte Generation TW aus dem Jahre 1979 war schon etwas kurzlebiger. Hier handelte es sich um einen Magirus Deutz FM 192 D 11 FA mit Gerätekoffer der Fa. Voll, Würzburg. Das Konstruktionsprinzip des Vorgängers blieb erhalten, der Aufbau war durch eine Seitentür rechts und eine Hecktür mit einhängbarer Treppe zu erreichen. Eine Neuerung stellte ein auskurbelbarer Lichtmast mit 3 x 1500-Watt-Lampen am linken Fahrzeugheck mit dazugehörigem Generator dar. Rechts hinten im Aufbau befand sich ein Atemluftkompressor zum Auffüllen leergeatmeter Tauchgeräte. Dieses Fahrzeug leistete Dienst bis 1990.

Die vierte Generation Taucherwagen von 1991 stellt eine Weiterentwicklung der beiden Vorgängerfahrzeuge dar. Einerseits wird das herkömmliche Taucherwagenprinzip beibehalten, als Neuerung führt dieser TW eine zweiteilige Taucherdekompressionskammer TDK „Dräger Transcom" zur Behandlung verunfallter Taucher sowie der Anwendung von „hyperbarer Oxigenation" bei Rauchvergiftungen mit. Komprimierte Atem- und Arbeitsluftvorräte von 70 000 l und 10 000 l Sauerstoff werden im Aufbau außen in Druckgasflaschen mitgeführt. Zur weiteren Ausrüstung gehören sechs Leichttauchgeräte PA 38/2800/Dräger sowie ein Helmtauchgerät DM 220/2, ebenfalls von Dräger. Komplette Taucherausrüstungen nebst Zubehör und Spezialwerkzeug sind selbstverständlich an Bord.

Dieser in Frankfurt konzipierte Taucherwagen ist in seiner Zusammenstellung völlig neu, er ist multifunktionell für Wasserrettungseinsätze, Taucherarbeiten, Taucherunfälle und Rauchvergiftungen einsetzbar. Diese Kombination, wie sollte es bei der Frankfurter Feuerwehr anders sein, ist in dieser Form in Deutschland einmalig.

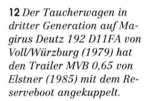

11 *Ein Teil der umfangreichen Ausrüstung des Taucherwagens. Beachtenswert ist der Taucheranzug für das Dräger-Helmtauchgerät DM 40 rechts im Bild.*

12 *Der Taucherwagen in dritter Generation auf Magirus Deutz 192 D11FA von Voll/Würzburg (1979) hat den Trailer MVB 0,65 von Elstner (1985) mit dem Reserveboot angekuppelt.*

13 *Die im Taucherwagen angekleideten und ausgerüsteten Taucher können sich über die einhängbare Leitertreppe zur Einsatzstelle begeben.*

Nachteilig dabei ist, daß die im Kofferinneren eingeschobene „Transcom" soviel Platz einnimmt, daß für das Umkleiden der Taucher fast keine Fläche mehr verfügbar ist. Der Taucherwagen TW besteht aus einem Fahrgestell Mercedes Benz 1222 AF 36 mit einem Aufbau von Krämer-Karosseriebau, Groß-Gerau. Der Gerätekoffer ist als verwindungsfreier Stahlkastenaufbau mit drei Rolladenverschlüssen, einer Einstiegstür vorne rechts sowie einer zweiflügeligen Hecktür und einer Meiller Ladebordwand zwecks Arbeit mit der „Transcom" gestaltet.

Das Fahrzeug wird über ein Automatikgetriebe allradgetrieben und verfügt über Anti-Blockiersystem ABS und zuschaltbaren Winter-Truck-System. Ein Generator mit Lichtmast rechts vorne am Aufbau gehört selbstverständlich dazu.

DER WASSERRETTUNGSZUG

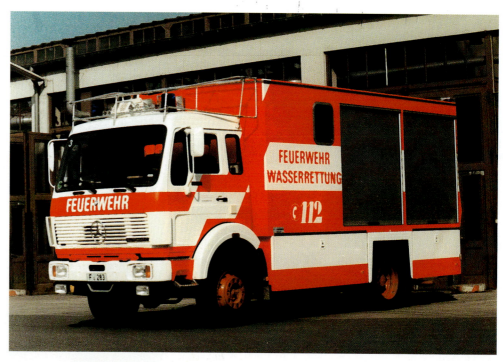

14 Als vierte Generation der Taucherwagen präsentiert sich ein Fahrzeug auf MB 1222 AF 36 mit Aufbau von Krämer/Groß-Gerau. Das Fahrzeug hat eine Taucherdruckkammer TDK Transcom geladen.

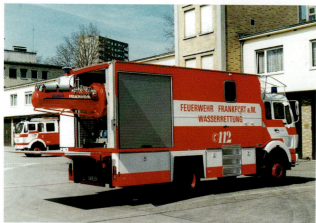

15 Im Heck die ausgefahrene Taucherdruckkammer Transcom, die sich per Ladebordwand absenken läßt.

16 Teile der umfangreichen Ausrüstung des Taucherwagens der vierten Generation

Bootswagen

Um das 1947 aus Wehrmachtsbeständen beschaffte Sturmboot zum Einsatz zu bringen, mußte ein Fahrzeug zwecks Transport geschaffen werden. Genau wie beim Taucherwagen waren für solche Sonderaufgaben keine Angebote durch die Fahrzeugindustrie möglich. Erfinderisch, wie die Frankfurter Feuerwehr seit ihrer Gründung ist, wurde von einem Großen Löschgruppenfahrzeug GLG/LF 25 Mercedes Benz L 4500 der Aufbau abgenommen und durch eine Pritsche ersetzt. Die alteingesessene Frankfurter Stahlbaufirma Fries und Sohn baute über die Pritsche einen Rohrtunnel, an dessen Scheitelpunkt eine Laufschiene mit Seilwinde zum Ablassen und Wassern des Sturmbootes angebracht war. Nebenbei sei erwähnt, daß vorgenannte Firma 1868 den bekannten „Eisernen Steg" und nach dem großen Dombrand von 1867 auch den Dachstuhl des Frankfurter Domes in Stahlbauweise errichtete.

Mit dem so zum Bootswagen umfunktionierten Löschfahrzeug besaß die Feuerwehr Frankfurt eine deutschlandweite einmalige Kuriosität im Feuerwehrfahrzeugbau. 1966 erfolgte die Anschaffung eines neuen Bootswagens BW 1 auf Klöckner Humboldt Deutz Magirus F 150 D 10 A 4 x 4 in Eckhauberform. Ein auf dem Dach gelagertes Leichtmetall-Motorboot konnte mit dem hinter der Fahrerkabine befindlichen Atlas-Kran auf- und abgeladen werden. Dieses Fahrzeug führte eine transportable Dräger-Taucherdekompressionskammer mit, die heute noch auf der Wache 3 ausgestellt ist.

Bei einem Eigengewicht von 880 kg erzielte der Ladekran folgende Leistungen:

Armlänge und Tragkraft: 1,650 m — 3200 kg
3,125 m — 1800 kg
4,000 m — 1500 kg

Als Neuerung besaß dieses Fahrzeug eine Spilleinrichtung mit 5000 kp einsträngiger Zugkraft. Ein 20-kVA-Generator versorgte einen am Heck angebrachten Lichtmast mit drei Lampen à 1500 Watt zur Ausleuchtung der Einsatzstelle.

1969 folgte der Bootswagen BW 2 auf Klöckner Hum-

DER WASSERRETTUNGSZUG

17 1950 entstand in Eigenregie der erste Bootswagen. Ein Löschfahrzeug GLG MB 4500 wurde zu einem Pritschenwagen mit Rohrtunnel zum Ablassen eines aus Kriegsbeständen stammenden Sturmbootes umgebaut. Über dem Rohrtunnel und dem Ausleger befand sich ein Schlauchboot. Dieses Fahrzeug ist eine einmalige Kuriosität in der deutschen Feuerwehrgeschichte!

18 Deutlich zu erkennen ist die veränderte Mannschaftskabine.

19 Die zweite Generation Bootswagen (BW 1) wurde 1966 von KHD auf Magirus F 150 D 10 A 4 x 4 hergestellt.

20 Ebenfalls zur zweiten Generation der Bootswagen gehört der KHD Magirus 150 D 9 A FA von 1969.

DER WASSERRETTUNGSZUG

boldt Deutz KHD F Magirus FM 160 D 9 FA. Hier handelte es sich um das erste Frontlenker-Fahrzeug mit Aluminium-Rolladenverschlüssen der Geräteräume in Frankfurt. Wie beim BW 1 war auf dem Dach ein Leichtmetallboot verlastet, bewegt mit einem Teha-Ladekran 1500/S mit maximaler Ausladung von 4,20 bei einer Tragkraft von 500 kg. Diesmal war der Kran am Fahrzeugheck rechts montiert.

Ein 20 kVA-Generator versorgte den Lichtmast mit 2 x 1500 Watt und 8,00 m Lichtpunkthöhe. Eine Besonderheit des Fahrzeuges waren die Kramer-Portalachsen sowie die am Fahrerhaus ähnlich dem Großtanklöschfahrzeug GTLF 6 der ersten Generation angebrachten Astabweiser. 1981 stürzte dieser BW bei einer Einsatzfahrt in einer Kurve um, hatte Totalschaden und mußte ver-schrottet werden. Der verunfallte BW 2 mußte ersetzt werden, und der BW 1 ist sang- und klanglos im Dunkel der Feuerwehrgeschichte verschwunden.

1982 wurde als Ersatzbeschaffung ein neuer Bootswagen auf Iveco Magirus F 192 D 11 FA in Dienst gestellt. Genau wie seine Vorgänger dient der BW 3 (3 hier Wachzugehörigkeit) den gleichen Aufgaben im Wasserrettungszug. Eine Seilwinde Rotzler-Treibmatic leistet 150 kn (15 to) Zugkraft, und der 21-kVA-Generator speist den Lichtmast mit 3 x 1000 Watt Lichtleistung bei 7,50 m Lichtpunkthöhe. Der Heckladekran hebt maximal 3300 kg bei einer Ausladung von 5,18 m.

Mit diesem Fahrzeug wurde der „Taucherzug" auf zwei Fahrzeugeinheiten reduziert, unterstützt von einem Hilfeleistungslöschfahrzeug HLF.

21 *Neben der umfangreichen Beladung des Bootswagens BW 2 ist eindrucksvoll die Arbeitsweise des hydraulischen Teha-Ladekrans 1500 S zu sehen.*

22 *Der Bootswagen Magirus Deutz F 192 D 11 A (1982) stellt die dritte Generation dar und ist zum heutigen Zeitpunkt noch im Dienst.*

23 *Interessanterweise konnte die Gesamtausrüstung der Bootswagen 1 und 2 der zweiten Generation auf ein Fahrzeug der dritten Generation verlastet werden.*

24 *Der bewährte DKW Munga F 91/4 aus Beständen des zivilen Bevölkerungsschutzes wurde als Führungsfahrzeug des Wasserrettungszuges Anfang der siebziger Jahre eingesetzt.*

25 *Ein Klein-Lkw MB L 508 DG (1981) dient dem hilfsweisen Transport der Taucherdruckkammer TDK Transcom.*

Funkkommandowagen FUKOW, Gerätewagen GW, Trailer mit Boot

DKW-Jeeps „Munga" stellte der Katastrophenschutz zur Verfügung (siehe Beschreibung dort). Für ihre Einsatzzwecke lackierte die BF mehrere Munga in Frankfurter Rot/Weiß um, und eines dieser Fahrzeuge wurde zur Einsatzleitung im Vierfahrzeug-Wasserrettungszug eingesetzt. Ein maßgebliches Kriterium für diesen Schritt war, daß dieser FUKOW geländegängig (z.B. für Einsatz in Kiesgruben) war. Mit der Einführung allradgetriebener Einsatzleitwagen und Umstellung des WRZ zum Zweifahrzeugzug verschwand der FUKOW von der Bildfläche.

Seit 1981 steht auf der Feuerwache 3 ein Klein-Lkw Mercedes-Benz L 508 DG Pritsche für Sonderaufgaben bereit. Hauptsächlich ist das Fahrzeug als Reserve-Transporteinheit für die Dräger Transcom gedacht und mit entsprechenden Schienen auf der Ladefläche zum Einschub der Dekompressionskammer versehen. In einem entlegenen Winkel der Wache steht ein Trailer MVB 0,65, Elstner, 1985, mit aufgesatteltem Reserve-Motorboot.

Atem- und Umweltschutzzug

AUZ

Ein altes Sprichwort sagt: „Wo Rauch ist, ist auch Feuer." Für die Feuerwehren läßt sich dieser Spruch jedoch umdrehen, da die meisten Schadensfeuer mit erheblicher Rauchentwicklung verbunden sind. Man denke nur an einen Wohnungsbrand mit der intensiven Rauchentwicklung, hervorgerufen durch den hohen Kunststoffanteil im Haushalt. Chlor-, Salz- und Blausäuredämpfe bilden einen erheblichen Anteil im Brandrauch und führen zu enormen Gesundheitsgefährdungen für ungeschützt vorgehende Einsatzkräfte. Somit war neben der Entwicklung der Löschtechnik schon immer erheblicher Wert auf die Entwicklung von Atemschutzgeräten für den Feuerwehrmann gelegt worden.

Bereits 1877 beschreibt C.D. Magirus in seinem Standardwerk „Das Feuerlöschwesen in allen seinen Theilen" drei Gruppen von Atemschutzgeräten:

1. Apparate, mit denen dem Feuerwehrmann mit einem Schlauch von außen Luft zugeführt wird, ein Vorläufer der heutigen Druckluftschlauchgeräte, 2. Rauchapparate, bei denen Luft in einem Gefäß auf dem Rücken mitgeführt wird. Hieraus entwickelten sich die Sauerstoffkreislaufgeräte sowie die Preßluftatmer, auch bekannt als „Schwerer Atemschutz", 3. Rauchapparate vor Mund und Nase, durch welche verdorbene Luft geatmet werden kann, heute als Filtergerät bekannt. Die ersten Geräte für „Schweren Atemschutz" in Frankfurt waren das Feuertauchergerät, System „Feuerbach", und der „Koenig'sche Rauchschutzhelm", benutzt bis in die dreißiger Jahre. Beide Typen arbeiteten nach dem Prinzip der heutigen Druckluftschlauchgeräte. Die Besonderheit beider Typen war, daß sich eine Mannschutzbrause auf dem Kopfbereich des Geräteträgers befand. Diese wiederum wurde bei Feuerbach durch Wasser des Strahlrohres und bei Koenig über eine Leitung mit Wasser versorgt. Bahnbrechend für die Entwicklung moderner Atemschutzgeräte ist das Grubenrettungswesen, da Einsätze unter Tage nur mit umluftunabhängigem Atemschutz möglich sind. Seitens der Industrie können die Firmen Dräger/Lübeck und Auer/Berlin als federführend genannt werden. Die Machthaber des Dritten Reiches machten sich die Erfahrungen der Gasangriffe aus dem Ersten Weltkrieg zunutze und entwickelten für Luftschutzzwecke brauchbare Atemschutzmasken, die auch an die Bürger verteilt wurden, heute bekannt als „Volksgasmaske".

Als „Schweres Atemschutzgerät" wurde zeitgleich das Sauerstoffkreislaufgerät KG 210, bekannt als „Heeresatmer" für militärische Zwecke entwickelt. Die Feuerlöschpolizei und nach dem Krieg Berufsfeuerwehren benutzten dieses Gerät als Standardausrüstung in den Löschzügen.

Waren in den zwanziger Jahren bereits Preßluftatmer mit Lungenautomat bekannt, brachte erst die Konstruktion des Preßluftatmers DA 58/1600 (Dräger/Auer, 1958, 1600 l Atemluft) den großen Durchbruch des umluftunabhängigen Atemschutzes, auch bei Freiwilligen Wehren. In Frankfurt wurden diese Geräte erst 1965 mit der Einführung der neuen Trockentanklöschfahrzeuge TROWA

26 *Auf dem Hof einer Wache wird der Koenig'sche Rauchschutzhelm übungsmäßig eingesetzt. Den Zeitgeist Anfang der dreißiger Jahre stellt wohl am besten der in Bildmitte zu sehende Zugführer dar.*

ATEM- UND UMWELTSCHUTZZUG

27 *Das Kreislaufgerät KG 210 ist als Entwicklung für die Wehrmacht auch als „Heeresatmer" bekannt geworden und wurde in Frankfurt bis 1970 eingesetzt.*

28 *Der Preßluftatmer DA 58/1600 fand seinen Einzug in Frankfurt mit der Einführung neuer Fahrzeuggenerationen ab 1965, ab 31.12.1995 wird er der Geschichte angehören.*

ATEM- UND UMWELTSCHUTZZUG

eingeführt und ersetzten langsam die KG 210. Nachfolger des DA 58/1600 ist in Frankfurt das Einflaschengerät PA 80/1800 300 bar mit 1800 l Atemluft. Neueste Geräte sind mit einem Alarmgeber DSX ausgerüstet. Bei Gefahr löst der Geräteträger den Alarm selbst aus, während bei Bewußtlosigkeit nach 30 Sekunden ein Alarmton ertönt, um das Auffinden des Verunfallten zu erleichtern. Nach Ablösung der Kreislaufgeräte durch Preßluftatmer werden heute nur noch Langzeit-Kreislaufatmer BG 174 mit 4 Stunden Benutzungsdauer für Einsätze in unterirdischen Anlagen wie U-Bahn oder der Tiefebene des Hauptbahnhofes genutzt.

1950 wurde erstmals in Nachkriegszeiten ein Gasschutzwagen zur Versorgung der Löschzüge mit Atemschutzgeräten beschafft. Steigende Anforderung bei Einsätzen (z.B. 150 Atemschutzgeräte und mehr) machten deutlich, daß ein einziges Fahrzeug wie der Gasschutzwagen von 1950 den Bedürfnissen einer modernen Feuerwehr nicht mehr gewachsen war. 1962 wurde eine völlig neue Konzeption vorgestellt. Es handelte sich um einen Zweifahrzeugzug, der die Löschzüge bei der Arbeit mit Atemschutz unterstützen sollte. Ebenfalls wurden immer mehr einsatzbegleitende Messungen erforderlich, galt es doch, eigene Kräfte zu schützen und zu warnen, und gleichzeitig mußte die Bevölkerung informiert und fachlich betreut werden. Die Einheit wurde unterteilt in Atemschutzwagen mit dem Hauptaugenmerk Atemschutz und Gasmeßwagen mit Meßgeräten und Schutzanzügen aller Art. Einsatzbegleitende Messungen wurden durch zunehmende Verwendung chemischer Substanzen, auch im Haushalt, erforderlich. Auch machte der zunehmende Gebrauch von radioaktiven Stoffen, z.B. in Krankenhäusern oder Industrie, das Vorhalten geeigneter Strahlenmeß- und Nachweisgeräte notwendig.

Für damalige Zeiten, als bereits mehrere Berufsfeuerwehren Experimente und Entwicklungen in gleicher Richtung betrieben, kann man diesen Zugverband schon mit dem Zusatz „einmalig" bezeichnen. Die beiden Fahrzeuge, damals Gasmeßzug GMZ genannt, wurden bis zum heutigen Tag weiterentwickelt, und heute steht eine den modernsten Anforderungen gerecht werdende Einheit zur Verfügung. Mit der Aufstellung des Gasmeßzuges wurde gleichzeitig die Abteilung Atemschutz geschaffen. Integriert waren die „Atemschützler" in die bereits bestehende Werkstatt des Wasserrettungszuges. Die Taucher hatten bereits Erfahrung mit der Wartung und Pflege der Tauchgeräte und konnten daher beim

29 Das Einflaschengerät PA 80 als Nachfolger des legendären DA 58/1600

30 Das BG 174 ist der moderne Nachfolger des Kreislaufgerätes KG 210 und wird mit vier Stunden Benutzungsdauer in unterirdischen Anlagen eingesetzt.

31 *Die erste Generation des Atem- und Umweltschutzzuges nannte sich Gasmeßzug und bestand aus dem Gasschutzwagen GSW und dem Gasmeßwagen GMW, beide auf MB O 319 von 1962.*

Aufbau der neuen Abteilung helfen. Wasserrettungszug sowie Gasmeßzug waren nunmehr auf der Wache 3 stationiert, obwohl die Platzverhältnisse sehr beengt waren. Mit Eröffnung der Feuerwache 7 in der Nordweststadt im Oktober 1968 siedelte die Abteilung Atemschutz in dort eigens vorgesehene Räumlichkeiten um. Großzügig gehaltene Werkstätten erlauben Pflege und Wartung von Atemschutz- und Meßgeräten sowie medizinischer Ausrüstung des Krankentransportes (z.B. Beatmungsbeutelbeutel und Transportinkubatoren). Außerdem steht ein großes Lager für Ersatzflaschen und -geräte bereit. Ferner wurde eine Atemschutz-Übungsstrecke in Betrieb genommen, die jeder Feuerwehrmann einmal jährlich durchläuft.

1972 wurden die in die Jahre gekommenen Fahrzeuge verkauft und durch Mercedes-Benz-Kastenwagen ersetzt. Die alte Zugformation wurde beibehalten, die beiden baugleichen Fahrzeuge waren äußerlich nicht zu unterscheiden. Ebenfalls 1972 wurde ein Atemschutzwerkstattwagen AWW mit Kofferaufbau ähnlich dem Vorbild Taucherwagen beschafft, und somit wuchs der Gasmeßzug der zweiten Generation zu einem Dreifahrzeugzug heran. Die Aufgabengebiete dieser Einheit gingen immer mehr über den klassischen Einsatz von Atemschutzgeräten hinaus. Es galt, Einsätze im Umweltbereich zu betreuen, vor allem durch Messungen zur Lagebeurteilung.

Im Einsatz ist der Gasmeßzug für folgende Aufgaben zuständig:
– Einsatz aller Arten von umluftunabhängigem Atemschutz,
– Einsatz von Schutzanzügen verschiedener Schutzstufen,
– Einsatz bei Schäden mit Gefahrgut,
– Messen und Auswerten von Schadstoffkonzentrationen.

Immer mehr wird mit radioaktiven Stoffen hantiert. Ebenso sind, bedingt durch den Verkehrsknotenpunkt Frankfurt, viele Transporte mit radioaktiven Stoffen auf der „Durchreise" oder werden in Frankfurt umgeschlagen. Die BF Frankfurt rüstete sich rechtzeitig für diese Art von Gefahr, und die Sondergeräteausstattung auf dem Gasmeßwagen wurde erweitert.

Somit können folgende Aufgaben übernommen werden:
– Ausbreitungsverhinderung bei einem Schadensfall,
– Aufspüren von Kontaminationen,
– Suchen und Bergen verlorengegangener Stoffe und Gegenstände,
– Messungen und Dosisnachweis.

Nicht im Bereich der Einsatzmöglichkeiten liegt natürlich der Super-GAU (Größter Anzunehmender Unfall) in einem Kernkraftwerk.

Erwähnenswert ist, daß die BF Karlsruhe bereits 1962 einen Strahlenschutzzug aufstellte und bereithielt. Ausschlaggebend für diese Entwicklung dürfte der Standort des Kernforschungszentrums Karlsruhe gewesen sein, und von dieser in Deutschland einmaligen Zugformation gingen erhebliche Impulse für den Strahlenschutz bei Feuerwehren aus. Heute eine Selbstverständlichkeit! Der Karlsruher Zug bestand aus einem VW-Bus und einem Fahrzeug, äußerlich dem Frankfurter Taucherwagen von 1963 gleichend.

Im Herbst 1984 ging die dritte Generation GSW und GMW, äußerlich den Vorgängerfahrzeugen ähnlich sehend, in Dienst. Der damalige Amtsleiter Prof. Dipl.-Ing. Achilles forderte seinerzeit schon die Verwendung eines Gaschromatographen für die immer mehr ansteigenden Meßaufgaben.

Im Jahr 1986 wurde ein neuer Atemschutzwerkstattwagen beschafft, und der Gasmeßzug, nun in dritter Generation, wurde gemäß den steigenden Sonderaufgaben in Atem- und Strahlenschutzzug ASZ umbenannt. Auch neue Geräte wurden in den Zugverband aufgenommen. Es handelte sich um eine Wärmebildkamera, tragbare Funkgeräte mit Kehlkopfmikrofon, eine Richtmikrofonanlage sowie eine Spezialkamera zur Verschüttetensuche.

Am 3. Februar 1987 stimmte das Stadtparlament einem Antrag der Grünen zu, den Magistrat der Stadt aufzufordern, aus dem spektakulären Sandoz-Brand Konse-

ATEM- UND UMWELTSCHUTZZUG

32 *Der Gasmeßzug von 1972 mit Atemschutzwerkstattwagen AWW und den baugleichen Fahrzeugen Gasmeß- und Gasschutzwagen (GMW und GSW) MB 508 D. Nicht im Bild dargestellt die dritte Generation mit den baugleichen GMW und GSW als Kastenwagen MB L 608 D sowie dem Atemschutzwerkstattwagen AWW von 1986. Dieser Zug nannte sich nun Atem- und Strahlenschutzzug ASZ.*

33 *Die vierte Generation des Gasmeßzuges nennt sich nun der Aufgabe entsprechend Atem- und Umweltschutzzug AUZ. Der Zug besteht aus den Großfahrzeugen Atemschutzwerkstattwagen AWW von 1986, Gefahrstoffschutzfahrzeug GSF von 1992 und Gefahrstoffmeßfahrzeug GMF von 1991.*

34 *1994 wurde der Atem- und Umweltschutzzug um den Wechselaufbau WLA für Nachschubzwecke ergänzt.*

quenzen zu ziehen und Handlungsperspektiven zu entwickeln. Der Chemiestandort Frankfurt mit der hier ansässigen Hoechst AG müsse für ähnliche Fälle gerüstet sein, lautete die Vorgabe der Stadtverordneten. Bei der Branddirektion begannen nun entsprechende Überlegungen, dem Problem mit adäquaten Mitteln zu begegnen.

Bereits Anfang der neunziger Jahre war absehbar, daß der GSW und GMW aufgrund hoher Kilometerleistung ausgetauscht werden müssen. Außerdem war zu erkennen, daß die bisherigen Kleinbusversionen den steigenden Anforderungen nicht mehr gewachsen waren. Eine Umstellung des Atem- und Strahlenschutzzuges auf Großfahrzeuge erschien unausweichlich. Nun trat eine entscheidende Entwicklung ein. Durch den Golfkrieg wurde der „Spürpanzer Fuchs", ein für die Bundeswehr entwickeltes Gerät, weltweit bekannt. Es handelte sich um ein gepanzertes Fahrzeug, ausgerüstet mit dem mobilen Massenspektrometer „MM 1". Man betone m o b i l, denn herkömmliche Geräte dieser Art sind tonnenschwer und empfindlich wie Mimosen. Die Bundeswehr setzt die neuentwickelten „MM 1", nur 150 kg schwer, zur Analyse chemischer Kampfstoffe und deren Ausbreitung ein. Geordert war seinerzeit die Ausstattung von 140 Fuchs-Panzern mit dem „MM 1". Entwickelt hat das Analysegerät Professor Matz von der Technischen Universität Hamburg-Harburg, und gefertigt wird es von der Bremer Bruker-Franzen-GmbH.

Auf der Jahresfachtagung der Vereinigung zur Förderung des Deutschen Brandschutzes (vfdb) im Mai 1991 wurde die Einsatzmöglichkeit des Spürpanzers Fuchs von Oberleutnant Rösner der Bundeswehr-ABC-Schutzschule in Sonthofen vorgestellt. Jedoch die Frankfurter Feuerwehr war dem Tagungsthema schon einen Schritt voraus, denn auf der Feuerwache 7 stand bereits ein „MM 1" und wurde von Beamten des ASZ getestet und erprobt. Im Bau befand sich zu dieser Zeit bereits ein Spezialfahrzeug zur Aufnahme des „MM 1" und weiterer moderner Analyse- und Meßgeräte. Noch im Jahre 1991 konnte das neue Gefahrstoffmeßfahrzeug GMF durch Amtsleiter Dipl.-Ing. Burbaum der Öffentlichkeit vorgestellt werden. Diesmal ein Großfahrzeug auf Mercedes-Benz-Fahrgestell.

Im Sommer 1993 ging das dritte Großfahrzeug des ASZ in Dienst. Der alte Atemschutzwagen wurde durch ein dem GMF äußerlich ähnliches Fahrzeug ersetzt. Die vierte Generation des Zuges wurde entsprechend dem gewandelten Aufgabenspektrum in Atem- und Umweltschutzzug AUZ umbenannt und besteht nun aus drei Großfahrzeugen, jedoch war die Entwicklung noch nicht ganz abgeschlossen.

Großeinsätze, die ein Vielfaches der in den Löschzügen und auf dem AUZ vorhandenen Atemschutzgeräte erfordern, machten das Problem des Nachschubes für die Einsatzstelle manchmal schmerzlich deutlich. Die vom Fachpersonal entblößte Feuerwache 7 mußte angeforderte Geräte und Atemluftflaschen sowie sonstiges Zubehör aus dem Lager der Abteilung Atemschutz auf jeweils verfügbare Einsatzfahrzeuge verladen und zur Einsatzstelle transportieren. Ein aufwendiges Verfahren, um den Nachschub zu gewährleisten. Diesem Manko wurde 1994 Abhilfe geschaffen. Ein vorhandener Wechselladeraufbau wurde vom Personal des Atem- und Umweltschutzzuges zu einer kompletten Nachschubeinheit aufgebaut. Dieser Wechselladeraufbau WLA Atemschutz steht voll ausgerüstet jederzeit abrufbereit auf der Feuerwache 7 und macht den AUZ zu einer Vierfahrzeugeinheit. Seine „Feuerprobe" bestand der Fahrzeugverband am 23. März 1994 bei einem Großbrand in der Frankfurter Innenstadt, bei dem alle Sonderfahrzeuge des Zuges gemäß ihrer Aufgabenstellung zum Einsatz kamen.

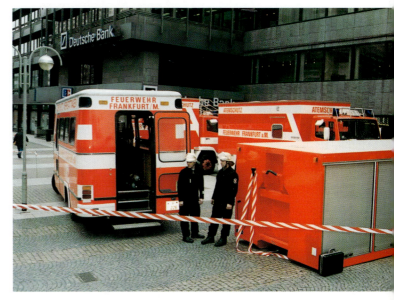

35 *Sämtliche Sonderfahrzeuge des Atem- und Umweltschutzzuges im Einsatz bei einem Großfeuer. Die Fahrzeuge sind an einem einsatztaktisch ungefährlichen Platz aufgestellt.*

Der Atem- und Umweltschutzzug kann als Verband eingesetzt werden, jedoch ist bei gleichzeitig mehreren Einsatzstellen durch übergreifende Ausstattung ein „Splitten" des Zuges in Einzeleinheiten möglich.

Das GMF als Führungsfahrzeug des Zuges ist mit einem Technischen Amtmann und einem Hauptbrandmeister besetzt und bestand seine erste große Bewährungsprobe bei einer Serie von Zwischenfällen in der chemischen Industrie im Frühjahr 1993, wo die erzielten Meßergebnisse von Fachleuten anschließend bestätigt werden konnten. Ebenfalls wird das GMF mittlerweile von Feuerwehren im Umland zu Schadstoffanalysen bei Feuern mit unbekanntem Anteil verschiedener Giftstoffe angefordert.

Das Verschüttetensuchgerät des GMF wurde bereits erfolgreich zur Verschüttetensuche in der ehemaligen DDR eingesetzt. Das Gerät wurde eingeflogen! Selbstverständlich, daß mit dem GMF auch Amtshilfe für andere im Umweltschutz tätige Behörden geleistet wird, hier geht es um das Erkennen und Einschätzen von Altlasten aller Art.

Nachdem die Massenspektrometrie ihren Einzug in die Feuerwehr gefunden hat, ist bis jetzt die Frankfurter

36 *Die erste Generation Gasmeßwagen von 1962 war auf einem Klein-Lkw MB O 319 B in Busform aufgebaut. Das Fahrzeug wurde hauptsächlich für Meßaufgaben eingesetzt.*

Feuerwehr die einzige kommunale Behörde, die ein solch aufwendiges Gerät zu ihrem Bestand zählen kann. Lediglich die BASF in Ludwigshafen verfügt über ein „MM 1", das, auf einen VW-Bus verlastet, von der Werksfeuerwehr genutzt wird. Die Feuerwehr Hamburg plant, ein solches Gerät auf einem Wechsellader Atemschutz unterzubringen, die Beschaffung scheiterte jedoch bis heute an den hohen Kosten.

Aus der vorgeschilderten Entwicklung vom Gasmeßzug zum Atem- und Umweltschutzzug läßt sich herauslesen, daß die BF Frankfurt eine Spezialeinheit vorhält, die in dieser Form weltweit ihresgleichen sucht, und die vielfältige Ausrüstung geht in der jetzigen Form weit über die klassischen Aufgaben des Atem- und Strahlenschutzes hinaus. Jedoch ist dieser Fahrzeugverband höchst kostenintensiv. Allein das GMF mit seiner Geräteausstattung kostete 1,2 Millionen DM und ist somit das teuerste Fahrzeug der Frankfurter Feuerwehrgeschichte, ausgenommen das Wasserfahrzeug Feuerlöschboot. Die Beschaffungskosten des Gefahrstoffschutzfahrzeuges GSF mit Ausrüstung von ca. 480 000 DM nahmen sich dagegen recht bescheiden aus. Nicht bezahlbar sind die vielen Stunden, die viele engagierte Kollegen des Fachdienstes beim Aufbau dieser einmaligen Spezialeinheit leisteten.

Abschließend soll noch berichtet werden, daß der Gasschutzwagen der Werkstatt Frankfurt überlassen wurde. Diese Institution, unterstützt von der Stadt und dem Arbeitsamt, beschäftigt in verschiedenen Projekten Langzeitarbeitslose und ermöglicht deren Rückkehr ins Berufsleben. Der GSW, in Feuerwehrrot RAL 3000 umgespritzt, die Blaulichter gegen gelbe Pendants ausgetauscht, leistet heute als Spülmobil bei Großveranstaltungen wie Straßenfesten Dienst. Somit ist die eigentliche Aufgabe des Umweltschutzes auf anderer Ebene weitergeführt worden.

Eine kleine „Äppelwoikneipe" unter der Heckklappe sorgt für Beliebtheit und steigert den Bekanntheitsgrad dieser in Frankfurt einmaligen Einrichtung.

Gasschutzwagen GSW und Gefahrstoffschutzfahrzeug GSF

Ca. 1950 wurde ein Sonderfahrzeug für Atemschutzeinsätze beschafft. Auf einem Opel-Fahrgestell war ein kastenförmiger Aufbau als Einheit mit der Fahrerkabine montiert. Typ und Geräteausstattung lassen sich nicht mehr ermitteln, jedoch der Frankfurter Mutterwitz überlebte das Fahrzeug. Wegen seiner Form wurde dieser erste Gasschutzwagen kurzerhand von den Kollegen „Hasenkasten" getauft. Das Fahrzeug geriet in Vergessenheit, und wenn jetzt von Generationen gesprochen wird, zählt der Hasenkasten nicht dazu.

1962 wurde ein Gasschutzwagen GSW in Dienst gestellt. Es handelte sich um einen Klein-Lkw Mercedes-Benz 319 B 130 als Kastenwagen, aufgebaut von Metz.

ATEM- UND UMWELTSCHUTZZUG

37 Die zweite und dritte Generation Gasmeß- und Gasschutzwagen von 1972 und 1984 waren Klein-Lkw auf MB 408 D und 608 D. Die Fahrzeuge waren baugleich, als Neuerung befand sich hinter den Sitzen ein kleiner Arbeitsraum. Die zweite Generation war ausnahmsweise in Feuerwehrrot RAL 3000 lackiert, die dritte Generation hatte wieder Frankfurter Rot/Weiß-Lackierung. Die Fahrzeuge beider Generationen waren äußerlich nicht zu unterscheiden.

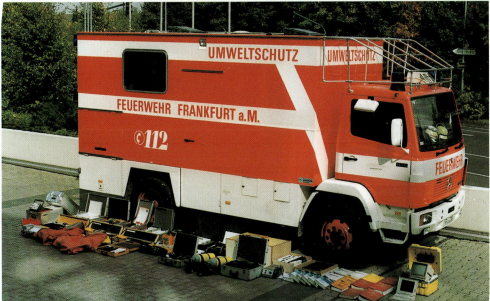

38 Der Gasmeßwagen GMW entwickelte sich in der vierten Generation zum Gefahrstoffmeßfahrzeug GMF auf MB 1120 AF (Allrad) mit einem Aufbau der Firma Krämer/Groß-Gerau, 1991. Neben einem mobilen Massenspektrometer ist das Fahrzeug mit modernster Meßtechnik ausgerüstet.

39 Der Gasschutzwagen der ersten Generation auf MB O 319 B von Metz führte Atemschutzgeräte und Zubehör aller Art mit. Vor dem Fahrzeug das Druckluftschlauchgerät DLSG zum Einsatz in der Kanalisation.

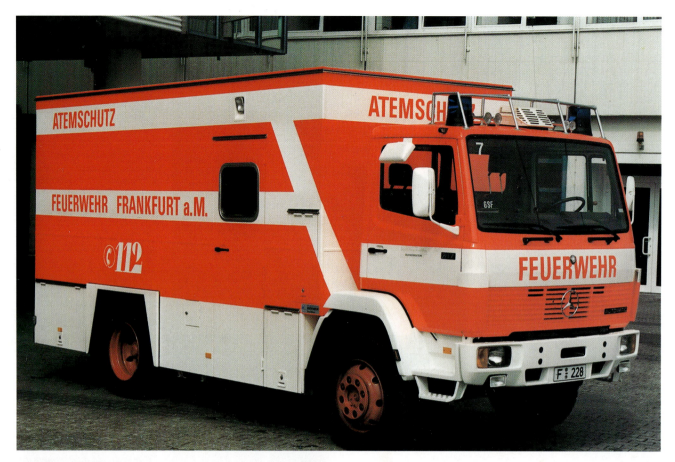

40 Die vierte Generation Gasschutzwagen GSW wurde ebenfalls zu einem Großfahrzeug umgestaltet und nennt sich nun Gefahrstoffschutzfahrzeug GSF. Auf einem MB 917 Allrad-Fahrgestell sitzt ein Kofferaufbau von Krämer/Groß-Gerau.

41 Das GSF führt neben den gängigen Preßluftatmern die Langzeitgeräte BG 174, zwei Druckluftschlauchgeräte, Schutzanzüge verschiedener Klassen und zwei Meßgeräte mit.

Der GSW führte Atemschutzgeräte und Ersatzteile aller Art mit und versorgte die Einheiten vor Ort mit gefüllten Atemschutzgeräten und übernahm die Wartung und Pflege eingesetzter Geräte. Sämtliche Gerätschaften waren durch Aufbautüren von außen zugänglich.

Interessant liest sich ein Auszug der Beladungsliste von 1968. Es wurden mitgeführt:
– 2 Druckluftschlauchgeräte zur Rettung aus Abwasserkanälen,
– 20 Kreislaufgeräte KG 210,
– 20 Atemschutzmasken mit Filtern,
– 50 Staubschutzbrillen!

1972 mußten die altersschwachen Fahrzeuge des Atemschutzzuges ersetzt werden. Diesmal waren es Kleinlastwagen auf Mercedes-Benz 408 D, seltsamerweise in Feuerwehrrot RAL 3000 lackiert. Hinter den Sitzen befand sich ein kleiner Arbeitsraum. Es existierten keine seitlichen Geräteraumtüren mehr, und der Zugang zur Beladung war nur durch eine Tür im Arbeitsraum oder im Heck möglich. Die Besatzungen empfanden diese Lösung als unpraktisch. Bei Außerdienststellung übernahm die Freiwillige Feuerwehr Rodenbach den GSW und baute ihn zu einem Gerätewagen um. Der GSW der dritten Generation von 1984 basierte auf einem Mercedes-Benz L 608 D mit einem Aufbau der Karosseriefabrik Bieberach. Dieses Fahrzeug verfügte wieder über Rolladenverschlüsse an den Fahrzeugseiten als Zugang zu den Gerätefächern. Am Heck befand sich eine nach oben öffnende Klappe. Somit waren die von der Mannschaft bemängelten Schwierigkeiten bei der Geräteentnahme des Vorgängerfahrzeuges beseitigt. Außerdem wurde

ATEM- UND UMWELTSCHUTZZUG

42 *Während eines Großeinsatzes werden Ersatzgerätschaften aller Art aus den Beständen des GSF ausgegeben.*

43 *Einsatzkräfte werden vom GSF mit Preßluftatmern versorgt.*

44 *Der Atemschutzwerkstattwagen AWW hat die Aufgabe, leergeatmete Atemschutzgeräte während eines Einsatzes auszutauschen, zu warten und zu pflegen. Der KHD Magirus 170 D 11 FA 4 x 4 mit Kofferaufbau der Firma Berger/Frankfurt wurde 1972 beschafft.*

wieder die Frankfurter Rot-Weiß-Lackierung übernommen. Leuchtrot RAL 3024, weiß abgesetzt.

Zur Vervollständigung der vierten Generation Gasmeßzug, jetzt Atem- und Umweltschutzzug, wurde als Ersatz für den GSW von 1984 das Gefahrstoffschutzfahrzeug GSF geschaffen. Es handelt sich um einen Mercedes-Benz 917 Allrad mit Kastenaufbau und heckseitig abklappbarem Arbeitstisch mit Wetterschutzmarkise. Nach wie vor dient das Fahrzeug der Versorgung von Einsatzkräften mit Atemschutzgeräten, Schutzanzügen und, falls erforderlich, Strahlenschutzausrüstung. Vom Atemschutzwerkstattwagen wurden die Druckluftschlauchgeräte übernommen und Geräte für einfache Meßaufgaben (auch für Kontaminationsnachweise) beim Einsatz in Verbindung mit radioaktiven Stoffen. Für den Gebrauch im Einsatzdienst erweisen sich die volle Stehhöhe im Aufbau und die gut zugängliche Verlastung der Gerätschaften rechts und links des Mittelganges als sehr vorteilhaft.

45 *Bis zu drei Geräte werden von einzelnen Beamten während eines großen Einsatzes unter Umständen leergeatmet.*

Aus der umfangreichen Beladung seien hier genannt: 24 Preßluftatmer PA 80, 12 Sauerstoffschutzgeräte BG 174 sowie Fluchthauben. Ferner stehen 12 Chemikalienschutzanzüge verschiedenster Schutzstufen sowie 15 Kontaminationsschutzanzüge für den Einsatz mit radioaktiven Stoffen bereit. Diverse Meßgeräte, Werkzeuge, Strahlenabschirm- und Transportbehälter bis hin zu Fachliteratur und Kartenmaterial vervollständigen die Ausrüstung.

Gasmeßwagen GMW und Gefahrstoffmeßfahrzeug GMF

Gemeinsam mit dem Gasschutzwagen von 1962 wurde der Gasmeßwagen GMW beschafft. Ebenso wie das Schwesterfahrzeug handelte es sich um einen Mercedes O 319 B, jedoch in Busform. Den Ausbau des Fahrzeuges besorgte die Feuerwehr nach altbekannter Art in Eigenregie, und die Geräte waren rechts und links eines Mittelganges in Schränken untergebracht. Arbeitsplattformen ermöglichten ein Auswerten von Meßergebnissen.

Gerätemäßig war dieses Fahrzeug für Meßaufgaben verschiedenster Art ausgelegt. Zum Beispiel waren fünf Gasspürgeräte mit Prüfröhrchen an Bord. Weitere Meßgeräte für Schadstoffmessungen und Strahlenschutznachweis sowie Schutzanzüge nach dem damaligen Stand der Technik wurden mitgeführt. Interessant liest sich aus der Sicht des Jahres 1968, daß Preßluftatmer DA 58/1600 auf einem für Meßaufgaben gedachten Fahrzeug mitgeführt wurden. Die Gasmeßwagen der zweiten und dritten Generation entsprachen dem jeweiligen Gasschutzwagen, ein Unterschied bestand nur in der Beladung und der Lackierung.

Das Gefahrstoffmeßfahrzeug GMF wurde 1991 der direkte Nachfolger des Gasmeßwagens der ersten bis dritten Generation. Hier handelt es sich um einen Mercedes-Benz 1120 mit verwindungsfreiem Kastenaufbau und 1,85 Stehhöhe innen, erreichbar durch eine Seitentür vorne rechts. Aufbauhersteller ist der Karosseriebau Krämer, Groß-Gerau. Heckseitig ist ein 5-kVA-Generator von Onan eingebaut, eine externe Stromzuführung ist möglich. An der Rückwand des Aufbaus befindet sich ein Geroh-Kurbelmast, ausziehbar auf 7,5 m Höhe zur Aufnahme eines Thies-Windgebers oder eines 1000-Watt Flutlichtscheinwerfers.

Waren die Vorgängerfahrzeuge hauptsächlich Geräteträger mit primitiven Arbeitsmöglichkeiten, handelt es sich hier um ein „rollendes Labor" mit folgenden Arbeitsplätzen:
– Naßarbeitsplatz mit Frischwasserzufuhr,
– Meßvorbereitungsplatz,
– Rechnerarbeitsplatz mit PC,
– Massenspektrometrieplatz,
– Kommunikationsplatz mit Funk, Autotelefon und Roadfax.

Natürlich können aus Platzgründen nicht alle fünf Arbeitplätze gleichzeitig genutzt werden, was auch personell unmöglich wäre.

Mit dem GMF können folgende Meßaufgaben durchgeführt werden:
– Chemische Zusammensetzung von Brandrauch, Gewässerverschmutzung durch Löschwasser, Wärmefeldmessungen bei versteckten Brandnestern;
– Identifizierung unbekannter chemischer Stoffe sowie Messung von Chemikalienausbreitung in Boden, Luft und Gewässern und Temperaturverlaufsmessungen bei chemischen Reaktionen;
– Untersuchung von Oberflächengewässern, Messung von Luftschadstoffen sowie Bodenkontaminationen und Nachweis von Altlasten;
– bei vorhandener Radioaktivität Messung der Kontamination an Gütern, Boden, Gewässern und Luft;
– toxikologische Untersuchung bei Rauch- und Vergiftungsunfällen;
– Information über Schadstoffe per PC mit erreichbaren Daten von physikalischen und toxikologischen Wirkungen mit entsprechenden Stoffdaten und den spezifischen Eigenschaften.

Für die genannten Meßaufgaben steht eine Auswahl von Geräten zur Verfügung, die das vorhandene Potential des bisherigen Atem- und Strahlenschutzzuges bei weitem übertrifft.

Hier seien genannt:
- Massenspektrometer mit vorschaltbarem Gaschromatographen zur Identifizierung organischer Substanzen und PC-gesteuerter Meßauswertung;
- Gasspürgeräte mit Reagenzprüfröhrchen für ca. 200 verschiedene Substanzen, besser bekannt als Dräger-Prüfröhrchen;
- Meßgeräte für Brandrauchuntersuchungen auf Kohlenmonoxid- und -dioxid, sowie Sauerstoffkonzentration;
- Meßgeräte für Explosionsgrenzen, Gewässeruntersuchungen, pH-Werte und Temperaturen als „Fernthermometer" und Windmessungen;
- Strahlennachweis- und meßgeräte wie z.B. Geiger-Müller-Zählrohr;
- Wärmebildkamera und Kleinvideokamera mit Monitor;
- Verschüttetensuchgerät „Life Detector" mit Richtmikrofon und Kopfhörern;
- Personalcomputer mit zwei gespeicherten Gefahrstoffdateien sowie diverse Nachschlagewerke (z.B. Hommel);
- Preßluftatmer, Fluchthauben und Chemikalienschutzanzüge, Kommunikationstechnik mit Funkgeräten, Autotelefon und Telefax.

Die hier stark gekürzten Angaben über vorhandene Gerätetechnik stellen einen Gesamtüberblick dar und verdeutlichen, welche vielfältigen Aufgaben mit dem Gefahrstoffmeßfahrzeug bewältigt werden können – was die Schöpfer des ersten Gasmeßwagens sich wohl in ihren kühnsten Träumen nicht hätten vorstellen können. Gleichzeitig wird es wohl dazu führen, daß die Feuerwehr vermehrt zu Meßaufgaben im Umweltbereich hinzugezogen wird. Es können Altlastenuntersuchungen oder immer wieder auftretende Geruchsbelästigungen unbekannter Art genannt werden. Vor nicht allzu langer Zeit beschäftigte eine unbekannte chemische Substanz die Feuerwehrkräfte, und nach genauen Messungen und Analysen stellte sich heraus, daß es sich um Gips handelte, geschehen in einem Frankfurter Postamt!

Es kann gesagt werden, daß sich die hohen Investitionskosten für das Fahrzeug im Sinne der Menschenrettung und des Umweltschutzes schon bezahlt gemacht haben, steht doch immer die Aufgabe im Vordergrund, Gefahren für Leib und Leben betroffener Personen abzuwenden und Sachwerte zu erhalten.

Atemschutzwerkstattwagen

1972 wurde der Gasmeßzug durch ein drittes Fahrzeug ergänzt. Es handelte sich um den Atemschutzwerkstattwagen AWW in erster Generation. Auf ein KHD Magirus 170 D 11 FA (4 x 4)-Fahrgestell baute die Frankfurter Karosseriebaufirma Berger einen kastenförmigen Koffer auf. Erreicht werden konnte das Innere des Aufbaus durch eine Heck- und Seitentür mit einhängbaren Treppen. Beiderseits eines Mittelganges waren Unterschränke mit Arbeitsplatten eingebaut. Ebenfalls zur Ausstattung gehörte ein eingebauter Generator mit ausfahrba-

46 *Der Atemschutzwerkstattwagen AWW in zweiter Generation auf MB 814 D mit einem Aufbau der Firma Friedrichs/Frankfurt von 1986. Nach einer Generalüberholung erhielt das Fahrzeug 1994 einen neuen Schriftzug.*

ATEM- UND UMWELTSCHUTZZUG

47 *Der AWW, hier noch ohne Neubeschriftung, führt umfangreiche Gerätschaften für die Versorgung der Kräfte vor Ort mit. Im Innern des Aufbaus können Wartungs- und Pflegearbeiten durchgeführt werden.*

48 *Ein vorhandener Wechselaufbau aus Beständen des KatS (von Berger 1990 gebaut) wurde 1994 zum WLA Atemschutz umgerüstet. In fahrbaren Gitterboxen sind Atemschutzgeräte und Atemluftflaschen untergebracht.*

49 *Geräte, Ersatzflaschen und Schutzanzüge dieses WLA dienen dem Nachschub für Einsatzkräfte vor Ort.*

ATEM- UND UMWELTSCHUTZZUG

50 *Im Jahr 1994 wurde der Gerätewagen GW 20 auf MB 307 Baujahr 1984 von der Abteilung 37.11.2 (Wasserversorgung) nach der Feuerwache 7 umgesetzt und dient dort als Reservefahrzeug für den Atem- und Umweltschutzzug.*

rem Lichtmast von 3 x 1000 Watt Leistung. Auffällig ist die Innenraumbeleuchtung durch großzügig gestaltete Fensterfronten beiderseits des Aufbaus. Der Zweck des Fahrzeuges bestand darin, witterungsunabhängig Geräteträger zu versorgen und auf den großen Arbeitsflächen Wartung und Pflege von Atemschutzgeräten durchzuführen. In den Unterschränken konnten Atemschutzgeräte aller Art sowie Zubehör, Schutzanzüge, Meßgeräte und Werkzeuge für die Gerätepflege gelagert werden. Der vorhandene Platz machte es möglich, die zwei Druckluftschlauchgeräte auf dieses Fahrzeug zu verlagern. Für die eingesetzten Trupps sowie die Besatzung des Gasmeßzuges bedeutete der Atemschutzwerkstattwagen eine erhebliche Arbeitserleichterung. Heute ist der AWW bei der Freiwilligen Feuerwehr Heppenheim/Bergstraße in Dienst.

1986 folgte ein Atemschutzwerkstattwagen in zweiter Generation. Diesmal handelt es sich um ein Mercedes-Benz MB 814 D-Fahrgestell mit einem Aufbau der Firma Friedrichs, Frankfurt/Main. Der in Spezial-Leichtbauweise ausgeführte Aufbau wird gestützt durch Stahl-Gerippebauweise, außen stahlverblecht und innen mit Sperrholz/Kunststoff verkleidet, die Hohlräume feuerhemmend und wärmeisoliert ausgeschäumt. Der Innenraum des Aufbaus ist dieses Mal durch zwei Seiten- und eine Hecktür zugänglich, ansonsten hat sich am Konzept des Vorgängers nichts geändert. Auffällig an diesem Fahrzeug ist der Frontwindspoiler auf der Fahrerkabine.

Die Ausrüstung wurde um eine Wärmebildkamera und weitere Sondergeräte erweitert. Als Atemschutzausrüstung dienen 19 Preßluftatmer DA 58/1600, 10 Preßluftatmer PA 80/1600 und drei Langzeit-Kreislaufgeräte BG 174. Ergänzt wird der Bestand durch Masken, Meßgeräte für verschiedene Zwecke und Werkzeuge, ähnlich der Beladung des Vorgängers. Mit Indienststellung des Gefahrstoffschutzfahrzeuges wurden die hier gelagerten Druckluftschlauchgeräte vom GSF übernommen.

Das System des Kofferaufbaus, erstmals beim Taucherwagen von 1963 praktiziert, hat sich bewährt und wurde für den Atemschutzwerkstattwagen übernommen und zeitlich später an das Gasmeß- und Gasschutzfahrzeug weitergereicht. Es wirkt sich arbeitspsychologisch günstig für die eingesetzten Kräfte aus, einen großräumigen, witterungsunabhängigen Arbeitsplatz zur Verfügung zu haben. Die hier vorgestellten Atemschutzwerkstattwagen bilden jeweils die dritte Einheit im Zugverband.

Wechselladeraufbau WLA Atemschutz

Um den recht umständlichen Nachschub mit Atemschutzgeräten, Masken, Ersatzflaschen mit Atemluft und Schutzanzügen zu vereinfachen, wurde ein vorhandener Wechselladeraufbau (geschlossener Kasten, acht Rolladentüren) in Eigenregie zu einer „rollenden Nachschubeinheit" ausgebaut.

Hinter den Rolladenverschlüssen ist das Nachschubmaterial untergebracht. Verstaut sind die Gerätschaften in rollbaren Gitterboxen. Bei abgesetztem Container können die Rollwagen leicht mit einhängbaren Auflaufbohlen vom Fahrzeug entladen und zum Verwendungsort gerollt werden. Voraussetzung ist natürlich eine einigermaßen ebene Fläche (Straße, Platz o.ä.). Kleinere Geräte wie Masken oder Schutzanzüge sind in Einschubfächern gelagert. Es werden Preßluftatmer DA 58/1600, PA 80/1800, Kreislaufgeräte BG 174, Masken, Atemluftflaschen und Schutzanzüge mitgeführt.

Für die Ladekapazität seien zwei Rollboxengrößen genannt:
1) große Form für 12 PA 80/1800
2) kleine Form für 24 Ersatzflaschen PA 80/1800

Die zum Jahresende 1995 nicht mehr zugelassenen Preßluftatmer DA 58/1600 zwingen bereits schon wieder zur Umgestaltung des Beladungskonzeptes.

Ölalarmzug

ÖAZ

51 *Salzsäure entweicht aus einem Kesselwaggon – diesmal ein Fall für Einsatzkräfte der Feuerwache 4 in Vollschutzanzügen.*

Mit dem wirtschaftlichen Aufschwung nach dem Kriege nahm die Motorisierung schlagartig zu.

So konnte es vorkommen, daß Fahrzeuge „Ölspuren" hinterließen. Natürlich – wie immer – war es Aufgabe der Feuerwehr, die hinterlassenen Kraftstoffe von der Fahrbahn zu entfernen. Für Einsätze dieser Art wurde der alte Taucherwagen eingesetzt. Ausgerüstet mit Bindemitteln wie Sand oder Sägemehl, versuchte man, Verunreinigungen von der Fahrbahn zu entfernen. Auch wurde ein alter ausgedienter Krankenwagen mit einer Streueinrichtung für diese Fälle ausgerüstet, geschehen in der Ära des Branddirektors Stoll (1955 – 1962).

Anfang der sechziger Jahre trat eine entscheidende Wende ein. Zunehmend wurden die Haushalte von Kohleheizung auf ölbetriebene Anlagen umgestellt. In diesem Falle waren Mineralöltransporte auf allen Verkehrswegen (Straße, Schiene, Binnenflüsse) angesagt. Der Transport von Vergaserkraftstoffen und Heizöl nahm erheblich zu. Beide Kriterien führten damals zu einer steigenden Zahl von „Ölunfällen" und die Feuerwehren waren vor neue Aufgaben gestellt. In der Praxis besagte dies nichts anderes, als daß Benzin, Diesel und Heizöl ausliefen und zu versickern drohten.

Dies könnte eine erhebliche Verunreinigung des Grundwassers nach sich ziehen. Seinerzeit tobte ein Streit zwischen der Mineralölindustrie und der Wasserwirtschaft, wieviel Liter Grundwasser durch einen Liter ausgelaufenes Öl ungenießbar werden. Dies war für die Feuerwehren vollkommen belanglos. Es ging und geht darum, jeden Tropfen aufzufangen, Lecks abzudichten, das Umfüllen der Flüssigkeiten aus beschädigten Behältnissen aller Art in bereitgestellte Ersatzbehälter zu tätigen. Ferner mußte das Eindringen in die Kanalisation verhindert werden, Zündquellen galt es zu beseitigen und einer Entzündung vorzubeugen. Desweiteren muß verunreinigtes Erdreich abge-

52 *Der Ölalarmzug ÖAZ 1972, bestehend aus Trockenlöschfahrzeug TroLF 1500, Rüstwagen RW Öl, Muldenkipper MK, Großtanklöschfahrzeug GTLF 24 und Zugmaschine ZM 1 mit Tiefladeanhänger (mit Radlader RADL).*

53 *1991, zwanzig Jahre später, hat sich der Ölalarmzug wesentlich verändert. Von links nach rechts: GTLF 24, RW-U, Wechsellader ÖL, Wechsellader Mulde, HLF 16, RADL und ELW Ost.*

ÖLALARMZUG

54 *Rüstwagen RW Öl Magirus Deutz F 150 D 10 A, (1965), die erste Generation dieser Fahrzeuge, noch als reiner Gerätewagen gestaltet. Auf der linken Fahrzeugseite ist im ersten Geräteraum der Generator zu sehen. Gut zu erkennen die Frankfurter Rot/Weiß-Lackierung.*

55 *Die rechte Fahrzeugseite des RW Öl mit Kabeltrommeln, öl- und säurefesten Schläuchen sowie Zubehör für Öleinsätze. Im Dachkasten sind die verschiedenen Faltbehälter untergebracht.*

tragen und entsorgt werden. Wer kann das besser als die Feuerwehr?

Das Land Bayern entwickelte seinerzeit einen Ölalarmanhänger, der mit Falttanks, Abdichtmitteln, Umfüllpumpen und Werkzeugen sowie Armaturen ausgerüstet war. Stationiert waren diese Anhänger bei größeren Feuerwehren landesweit, im heutigen Sinne Stützpunktfeuerwehren. Gleichzeitig führten die Landesfeuerwehrschulen Sonderlehrgänge für den Umgang mit der neuen Einsatzart durch.

In Frankfurt trugen nicht nur die besondere Verkehrssituation, sondern auch Gefahrenschwerpunkte wie ein Mineralöllager im Oberhafen und der Standort einer Raffinerie in unittelbarer Nachbarschaft der Stadt zur Konzeption eines Ölalarmzuges bei. Mit Hilfe des Katastrophenschutzes des Landes Hessen wurde 1965 dieser Zug zusammengestellt und in Dienst genommen. In diesen Zeiten, wo das Wort Umweltschutz nicht mal in Wörterbüchern zu finden war, besaß die Frankfurter Berufsfeuerwehr bereits eine für Notfälle mit Mineralölprodukten aller Art gerüstete Einheit, die für Klein- und Großschadensfälle bereitstand.

Kernstück des neuen Ölalarmzuges war der Rüstwagen Öl zur Aufnahme brennbarer Flüssigkeiten aller Gefahrenklassen. Für die Sicherstellung des Brandschutzes vor Ort rückten je nach Einsatzlage ein Trockenlöschfahrzeug TroLF, ein Trockentanklöschfahrzeug TROWA, ein Schaumauflieger und ab 1967 ein Großtanklöschfahrzeug GTLF 6 mit aus. Ein Radschürfkübellader, transportiert mit Zugmaschine und Tiefladeanhänger (Land Hessen) sowie ein Dreiseitenkipper mit Greifkran konnten verseuchtes Erdreich aufnehmen und abtransportieren.

Eine Sattelzugmaschine mit Straßentankanhänger war für die Aufnahme größerer Mengen brennbarer Flüssigkeiten gedacht. Ein Nachschublager auf der Feuerwache 6 in Ffm-Sachsenhausen hielt Werkzeuge, Sand, gefüllte Sandsäcke, Sägemehl oder Ölbinder für die Verwendung auf dem Land oder dem Wasser bereit.

56 *Das Stufenheck des Fahrzeugs, nachempfunden den seinerzeitigen Tanklöschfahrzeugen, erlaubt einen leichteren Aufstieg zum Fahrzeugdach. Auch hier ist die weiß abgesetzte Heckpartie mit reflektierenden Schrägstreifen zu erkennen.*

ÖLALARMZUG

Bei Unfällen auf dem Wasser wurden in Zusammenarbeit mit dem Wasserrettungszug Schlengelanlagen ausgebracht, um Mineralölfilme auf der Gewässeroberfläche einzugrenzen, mit Bindemitteln zu binden und aufzunehmen.

Heute unvorstellbar liest sich ein Auszug aus einer Dienstanweisung aus dem Jahre 1965, kontaminiertes Material auf der Städt. Mülldeponie „Monte Scherbelino" oder bei kleinen Mengen auf den Feuerwachen abzufackeln.

1971 erfolgte die erste Modernisierung des Ölalarmzuges. Ein Großtanklöschfahrzeug GTLF 24 (s. Band 1) wurde integriert und machte einen gleichzeitigen Löschangriff und die Aufnahme von ca. 6000 l brennbarer Flüssigkeit möglich. Der Tankwagenauflieger TWA der Feuerwache 6 konnte ausgemustert werden.

Ungefähr zur gleichen Zeit ersetzte ein Meiller-Muldenkipper den vorherigen Dreiseitenkipper-Lkw.

1974 erfolgte die nächste Zäsur. Mit Einführung des Wechselladerprogrammes konnte das Trockenlöschfahrzeug TroLF 1500 außer Dienst gehen und wurde durch den Wechsellader Pulver ersetzt.

Ein umfangreiches Angebot an Muldenaufliegern für Wechselladerfahrzeuge machte 1975 den Muldenkipper überflüssig, der zum Trägerfahrzeug für Wechselladeraufbauten umgebaut wurde.

1992 wurde das Großtanklöschfahrzeug GTLF 24 außer Dienst gestellt, neue Wechselladeraufbauten sollen die Tankkapazität des GTLF für brennbare Flüssigkeiten ersetzen. Ergänzt wird der Ölalarmzug durch Wechselladeraufbauten wie WLA Ölsperre für Einsätze auf Gewässern sowie den Wechsellader Öl, beides ab 1974.

Mit der Indienststellung des Feuerlöschbootes im Jahre 1970 konnte die Beseitigung von Ölteppichen auf dem Main besser angegangen werden. Seit 1994 kann in Verbindung mit dem Feuerlöschboot der Wechselladeraufbau Ölskimmer auf dem Main eingesetzt werden, der die Arbeit des Ölabschöpfens und die Aufnahme der Schadstoffe noch effektiver erledigt.

57 RW Öl in zweiter Generation auf Magirus Deutz F 170 D 11 A mit einem Aufbau von Haller/Stuttgart (1976). Gut zu erkennen der nach vorne verlegte Auspufftopf mit Endrohr (entspricht den Richtlinien für Straßentankwagen). Unter dem ersten Geräteraum des Aufbaus befinden sich links und rechts Haspeln mit Druck- und Saugschlauch.

58 Bemerkenswert ist der lange Überhang des Gerätekoffers ab der Hinterachse. Der im Inneren montierte Druck- und Saugkessel kann 2140 Liter Flüssigkeit aufnehmen, im Heck ist die große Haspel mit 40 m Saug- und Druckschlauch zu erkennen. Das Fahrzeug läuft jetzt in der Partnerstadt Leipzig.

Nach wie vor unterstützt der Wasserrettungszug, ergänzt durch den Wechsellader Ölsperre, die Arbeiten auf dem Wasser.

Heute setzt sich der Ölalarmzug aus folgenden Fahrzeugen und Wechselladeraufliegern zusammen:
– Rüstwagen Umweltschutz RW-U (FW1);
– Radlader RADL (FW 1);
– Tiefladeanhänger TLA (FW 1);
– Wechsellader Ölsperre WLA Ölsperre (FW 6);
– Wechsellader Mulde mit Plane und Spriegel WLA Mulde (FW 6);
– Wechsellader Mulde WLA Mulde (FW 6);
– Wechsellader Ölskimmer WLA Skimmer (FLB-Sation);
– Wechsellader Combi WLA Combi (FW 7).

Die Fahrzeuge rücken je nach Einsatzlage aus und werden von den Kräften der Löschzüge entsprechend unterstützt.

Ein Rüstwagen 2, der zusätzlich mit Ausrüstung für Ölunfälle kleinerer Art ausgestattet war, wurde 1980 durch den Wechselladeraufbau WLA Combi ersetzt, der als zweiter Rüstwagen Öl fungiert.

Mit der 1965 erarbeiteten Konzeption des Ölalarmzuges hielt die Feuerwehr Frankfurt den wohl ersten Zug für Umweltschutzaufgaben bereit.

Die hier aufgeführten Wechselladeraufbauten werden selbstverständlich fachübergreifend je nach Bedarf bei Umwelteinsätzen aller Art eingesetzt.

59 *Die dritte Generation RW Öl, durch erheblich verbesserte und ausgeweitete Einsatzmöglichkeiten jetzt RW Umweltschutz bezeichnet. Mercedes-Benz stellte das Fahrgestell (MB 1222 AF) her, und Haller lieferte den Aufbau (1990).*

20 000 Litern, insgesamt konnten inclusive Fahrzeugtank ca. 40 000 Liter brennbare Flüssigkeit aufgenommen und zwischengelagert werden. Ferner führte das Fahrzeug nicht funkenreißende Werkzeuge aller Art, Tankwagenschnellverschlüsse, Übergangsstücke für verschiedene Systeme sowie verschiedene Kleinmaterialien mit.

Die Aufgabenstellung des RW Öl lautete:
– Öl und Kraftstoffe, die aus defekten Behältern oder umgekippten Tankwagen auslaufen, mit Hilfe tragbarer Pumpen aufzunehmen und in den Fahrzeugtank oder die Plastiktanks zu pumpen;
– provisorisches Abdichten defekter Behälter mittels mitgeführter Werkzeuge und Hilfsmittel;
– Verhinderung von Umweltverschmutzungen sowie das Abdichten von Kanalisationen.

Die RW Öl in dieser Ausführung wurden 1964 von München, 1965 von Frankfurt beschafft und dürften die einzigen Sonderfahrzeuge dieser Art aus dem Hause Magirus sein.

Das Frankfurter Fahrzeug war natürlich in der neuen Rot-Weiß-Lackierung gehalten, und seinerzeit fanden „heiße Diskussionen" über diese Lackierungsgestaltungen statt. Nachdem der RW Öl der ersten Generation sich bestens bewährt hatte (von 1965 – 1974 2202 Einsätze) und in die Jahre gekommen war, konzipierte man ein Neufahrzeug als Druck-Saug-Kesseltankwagen.

1976 wurde der neue RW Öl auf Magirus Deutz F 170 D 11 A mit Haller-Aufbau in Dienst gestellt. Der geschlossene Aufbaukasten mit Rolladentüren besitzt Stauräume für Geräte. Im Vorderteil rechts befindet sich ein 20-kVA-Generator, der unter anderem einen Lichtmast mit zwei Flutlichtscheinwerfern zu je 1000 Watt versorgt. Zwischen dem Fahrerhaus und dem feuerbeständig abgeschotteten Aufbau ist ein Reserverad, herausklappbar per Hubwinde, plaziert. Links und rechts unterhalb des Aufbaus sind drehbare Schlauchhaspeln mit je 20 m Schlauch NW 50 (formbeständig)

Rüstwagen Öl RW Öl, Rüstwagen Umweltschutz RW U, Wechselladeraufbau WLA Combi

Der Rüstwagen Öl der ersten Generation, Baujahr 1965, stellte einen kombinierten Tank- und Gerätewagen dar, der durch zusätzliches Mitführen von Tanks in der Lage war, größere Mengen Öl aufzunehmen. Es handelte sich um einen KHD Magirus F 150 D 10 A in Eckhauberausführung. Konstruktiv waren die Vorschriften der Verordnung brennbare Flüssigkeiten (VBF) des Deutschen Ausschusses für brennbare Flüssigkeiten berücksichtigt. Der Auspufftopf war gemäß den Richtlinien für Straßentankwagen nach vorne verlegt, der Geräteaufbau war vollkommen ex-geschützt, und zwischen Fahrerkabine und Geräteträger befand sich eine Feuerschutzwand. Ein fest eingebauter Generator 220/380 V mit 15 kVA Leistung versorgte elektrische Geräte wie Pumpen oder Beleuchtungsgeräte. Die Stromabnahme geschah über einen besonderen Schaltschrank im Aufbau links. Der festeingebaute Tank faßte 2500 Liter brennbare Flüssigkeiten und war korrosionsgeschützt sowie öl- und benzinbeständig.

Die Geräteausstattung des RW Öl war für damalige Zeiten sehr umfangreich. Mitgeführt wurden zwei ex-geschützte Tauchpumpen, eine Schmutzwasserpumpe sowie zwei Faßpumpen mit Verlängerung. Die zusammenfaltbaren Plastiktanks hatten ein Volumen von 200 bis

ÖLALARMZUG

60 Vor dem Fahrzeug ist die umfangreiche Werkzeug- und Geräteausstattung zu sehen. Im Inneren verbirgt sich auch hier die bewährte Hallersche Saug- und Druckeinrichtung mit einem Nettovolumen des Kessels von 1900 Liter. Nicht zu sehen ist die Zusatzausrüstung wie Bindemittelstreuanlage oder Behälterabsenkanlage für Mülltonnen zur Aufnahme von kontaminiertem Bindemittel.

61 Der Wechsellader WLA Combi von Haller (1980) entspricht in seiner Technik und Ausrüstung dem RW Öl der zweiten Generation.

zum Ansaugen oder Abgeben von Flüssigkeiten montiert.

Das Herzstück des Aufbauinneren besteht aus zwei 1000-Liter- und einem 240-Liter-Kessel mit einem Nettonutzvolumen von insgesamt 2140 Litern. Das Befüllen oder Entleeren der Tanks besorgt eine hydraulisch betriebene Kompressor-Vakuumpumpe. Für Pumpenbetrieb (gleichzeitiges Saugen und Fördern) ist eine ebenfalls hydraulisch gesteuerte Verdrängerpumpe eingebaut. Eine selbstaufspulende Haspel mit 40 m Saug-Druckschlauch, NW 50, befindet sich im Fahrzeugheck und dient hauptsächlich der Aufnahme von Mineralölprodukten, sogar mit Verunreinigungen der Korngröße 20 – 25 mm (Sand, Kies). Mit diesem Fahrzeug war ein Schritt in Richtung Umweltschutz geschehen, da außer Mineralölprodukten wie beim Vorgänger auch Säuren, Laugen und giftige Flüssigkeiten aufgenommen werden können. Die Saug- und Drucktechnik macht natürlich das Instellungbringen tragbarer Pumpen überflüssig und erleichtert den gesamten Arbeitsablauf für das Bedienungspersonal erheblich. 1990 wurde das Fahrzeug außer Dienst genommen, an die Berufsfeuerwehr Leipzig verschenkt und war auf dem Gebiet der neuen Bundesländer das wahrscheinlich erste Umweltschutzfahrzeug.

Die dritte Generation der Fahrzeuge zur Aufnahme von flüssigen Gefahrstoffen nach der Vorgabe der Gefahrgutverordnung Straße GGVS wurde 1990 jetzt in Rüstwagen Umweltschutz RW U umbenannt, hat aber die gleichen Aufgaben wie der Rüstwagen Öl von 1976.

Ein Fahrgestell Mercedes-Benz MB 1222 AF dient als Träger des Stahl-Kastenaufbaus mit Rolladenverschlüssen, Heckklappe und integrierten Tanks mit Saug- und Druckeinrichtung, Hersteller Haller GmbH Stuttgart. Selbstverständlich für moderne Fahrzeuge sind natürlich Automatikgetriebe, Anti-Blockiersystem ABS und zuschaltbare Schneeketten Winter-Truck System WTS. Ebenfalls gehört zum Standard ein 20-kVA-Generator mit einem Lichtmast von 4 x 1000 Watt Leistung mit einer Lichtpunkthöhe von 7,50 m.

Zwei Kessel mit je 1025 l Volumen nehmen die Flüssigkeiten auf und sind in der Bedienungstechnik vereinfacht worden. Neu an dem Rüstwagen Umweltschutz ist eine Bindemittelstreuanlage am Heck mit 350 l Streugut (z.B. Ekoperl) zum Abstreuen von Ölspuren auf Fahrbahnen. Ein hydraulisch aus dem Aufbau herausfahrbarer Müllbehälter gestattet die Aufnahme des ausgestreuten Bindemittels. Dies jedoch muß nach wie vor von Hand geschehen.

1980 wurde ein auf der Feuerwache Burgstraße stationierter Rüstwagen RW 2 mit Zusatzbeladung für Ölaufnahme ausgemustert. Mit Aufbau des Wechselladerprogrammes trat an die Stelle des RW 2 der Wechselladeraufbau WLA Combi. Hersteller war Haller/Stuttgart. Gedacht war der Aufbau als Reserve-Rüstwagen Öl und verfügte über eine ähnliche Ausrüstung wie der Rüstwagen Öl der zweiten Generation und gleichzeitig über Hilfeleistungsgeräte wie Schere, Spreizer, Trennschleifer und Hebekissen. Mit der Einführung der Hilfeleistungslöschfahrzeuge mit gleicher Beladung für Hilfeleistungen waren die Löschzüge gleichwertig ausgerüstet, und die Sonderbeladung erübrigte sich und wurde aus dem Container entfernt. Gemäß der ursprünglichen Aufgabenstellung von Ölschadensbekämpfung und technischer Hilfeleistung bei Verkehrsunfällen wählte man den Namen WLA Combi, der sich bis heute erhalten hat. Das Herzstück dieses Sonderaufbaus bildet ein 1000-Liter-Kessel mit einer Nettokapazität von 950 Litern brennbarer Flüssigkeiten. Ein Verdichter mit vorgeschaltetem Vierwegehahn arbeitet als Vakuumpumpe oder Kompressor und erzeugt im Kessel Unter- oder Überdruck. Am Heck des Aufbaus ist ein automatisch rückspulbarer Gelbringschlauch, 40 m, Nennweite 50 mm, mitsamt Kesselbedientableau untergebracht. Ein VW-Industriemotor betreibt Aggregate und versorgt einen Lichtmast mit 2 x 1000 Watt an der Aufbaufront.

Das zugehörige Trägerfahrzeug muß natürlich der Gefahrgutverordnung Straße GGVS mit z.B. nach vorne gezogenem Auspufftopf entsprechen.

Fahrzeuge zur Erdreichbewegung

Seinerzeit galt es, ölverseuchtes Erdreich abzutragen und zu verladen. Für den Transport eines Radladers stand ab 1965 eine Zugmaschine mit Tiefladeanhänger zur Verfügung. Das Gespann wurde mit Landesmitteln des Katastrophenschutzes Hessen finanziert. Die Zugmaschine ZM 1 von 1965 war ein KHD Magirus 200 D 19 AK mit Anhängertechnik von Kässbohrer. Fest verbunden mit der Zugmaschine war per „Königszapfen" der Tiefladeanhänger, in der Frankfurter Bezeichnung Tiefladeauflieger genannt. Es handelte sich um einen Kässbohrer Ti-SA 22, offene Plattform. Diese Zugeinheit ging 1987 außer Dienst und wurde in dieser Form nicht mehr beschafft.

Als Bestandteil des Ölalarmzuges ÖAZ bestand die Aufgabe des Radschürfkübelladers im Abtragen und Verladen ölverseuchten Erdreiches. Auch Brandschutt konnte mit diesem Gerät verladen werden. Wegen der geringen Geschwindigkeit von 32 km/h war dieses Baustellenfahrzeug auf dem Tiefladerzug ZM 1 TLA aufgesattelt und wurde im Alarmfalle zur Einsatzstelle gefahren. Es handelte sich um einen Caterpillar 922 B mit einem Fassungsvermögen der Schaufeln von ca. 1,5 m³. 1979 wurde dieses Gerät von einem Radlader (RADL) Volvo BM 4300 in zweiter Generation mit gleicher Aufgabenstellung abgelöst. Diesmal kann der Radlader selbständig zum Einsatz fahren und ist deshalb mit Funk und Blau-

62 *Zugmaschine ZM 2 mit Schaummittel-Tankauflieger SA, stationiert auf der FW 6. Die Eigenkonstruktion aus dem Jahre 1961 ist auf ein Fahrgestell TPF 782 gebaut und faßt 3000 Liter Schwerschaumbildner.*

63 *Trockenlöschfahrzeug TroLF 1500 auf MB/Bachert von 1963 mit 1500 kg BCE-Pulver. Dieses Fahrzeug hat nach dem Umbau zu einem Lkw eine abenteuerliche Geschichte hinter sich.*

ÖLALARMZUG

licht ausgestattet. Neben der klassischen Aufgabe des Erdreichaushubes und der Brandschuttbeseitigung ist dieses Gerät mulitfunktionell ausgerüstet. Die Ladeschaufel mit ca. 1,3 m³ Fassungsvermögen läßt sich mit wenigen Handgriffen gegen ein Gabelstaplerteil, Grabenschaufel, Räumschild oder Faßwender austauschen. Unter Einsatzbedingungen wird die Ladeschaufel zur Brandschuttbeseitigung und der Faßwender beim Bergen von Fässern in Gefahrguteinsätzen am meisten benötigt. Auch das Gabelstaplerteil wird im Umwelteinsatz häufig verwendet.

Fahrzeuge zur Brandbekämpfung

Das Trockenlöschfahrzeug TroLF 1500 diente der Bekämpfung von Bränden der Brandklasse B (brennbare Flüssigkeiten). Es handelte sich um einen MB LAF 322 mit Bachert-Aufbau, Baujahr 1963. 1500 kg BCE-Pulver (brennbare Flüssigkeiten, Gase und Brandklassen bei Vorhandensein von Elektrizität) waren auf zwei Pulverkessel je 750 kg verteilt. Jeder Kessel besaß einen eigenen Bedienstand in Fahrtrichtung links und eine Stickstoff-Treibgasflasche. Eine Verbindungsleitung zwischen beiden Kesseln führte zu den beiden formfesten Druckschläuchen S 32 mit absperrbaren Strahlrohren auf der rechten und linken Fahrzeugseite. Das Fahrzeug war in DIN 15561 genormt, war in Frankfurt in den Ölalarmzug integriert und diente gleichzeitig als Eingreifreserve für Schadensfälle auf dem Rhein-Main-Flughafen. 1974 mit Einführung des Wechselladerprogrammes wurde dieses Gerät gegen den Wechselladeraufbau Pulver ersetzt. Sonderlöschfahrzeuge dieser Art findet man überwiegend bei Berufs- oder Werk- und Flughafenfeuerwehren. Der Austausch gegen einen Wechselladeraufbau rechnet sich insofern, als sämtliche Wartungs- und Pflegearbeiten für ein Fahrzeug entfallen, von dem man mit Fug und Recht behaupten konnte, daß dieses Gerät spätestens mit Einführung der Trockentanklöschfahrzeuge im Jahre 1965 sich „die Füße platt gestanden hat".

Doppelte Bedeutung ist der Tatsache beizumessen, daß das TroLF 1500 zur modernen Frankfurter Feuerwehrgeschichte gehört und es die traditionelle Feuer-

64 *Sattelzugmaschine ZM 1 Klöckner-Humboldt-Deutz Magirus 200 D 19 AK von 1965*

65 *Sattelzug mit Zugmaschine ZM 1, Tiefladeanhänger Ti-SA 22 von Kässbohrer und Radlader CAT, alle Baujahr 1965.*

66 *Radlader Caterpillar 022 B (1965), Frankfurter Bezeichnung CAT*

67 *RADL Volvo BM 4300 (1979) mit Faßwender am Gerät, Räumschild, Ladeschaufel für Erdreich, Gabelstapler und Grabenschaufel vor dem Fahrzeug.*

wehrgerätefirma Bachert nicht mehr gibt. Die weitere Geschichte des TroLF ist ebenfalls erwähnenswert. Der Aufbau wurde abgenommen und das Fahrgestell mit einer Lkw-Pritsche versehen. Im Laufe der Zeit mußte auch der Motor ausgetauscht werden, so daß vom Originalfahrzeug nicht mehr viel übrigblieb.

Der Tankauflieger war eine Eigenkonstruktion der Branddirektion aus dem Jahre 1961, aufgebaut auf ein Fahrgestell TPF-782 mit 300 Liter Schwerschaumbildner Tutogen. Da Mineralölbrände größeren Ausmaßes nur mit Schaum zu löschen sind, gehörte dieser Sonderaufbau zum Ölalarmzug. Der Auflieger bildete mit der Zugmaschine ZM 2, die auch andere Auflieger zog, einen Sattelzug und war auf der Feuerwache 6 in Ffm-Sachsenhausen stationiert. Mit einer 200-Liter-Pumpe, angetrieben von einem VW-Industriemotor, mit nachgeschaltetem Zumischer konnte Schaum direkt erzeugt oder Schaummittel zu anderen Einheiten gefördert werden. Auch dieses Gerät wurde mit Einführung von Großtanklöschfahrzeugen mit großen Schaummittelvorräten und des Wechselladerprogramms überflüssig.

Fahrzeuge zum Transport kontaminierten Erdreiches

Um ölverseuchtes Erdreich abzutransportieren, gehörte zum ÖAZ ein Dreiseitenkipper-Lkw, intern Gerätewagen GW 15 genannt. Es handelte sich um einen KHD F Magirus 200 D 16 A von 1966 mit einer Nutzlast von 6900 kg. Zwischen Fahrerkabine und Ladepritsche befand

68 *Gespann mit RW 3, Tiefladeanhänger TLA Langendorf 11/80-2 (1987) und RADL.*

ÖLALARMZUG

69 *Dreiseitenkipper GW 15 auf Magirus 200 D 16 A von 1966, Nutzlast 6900 kg*

70 *Muldenkipper MK Magirus F 22 D 230 6 x 4 (1971), wurde 1974 zu einem Trägerfahrzeug für Wechselaufbauten umgerüstet.*

71 *Wechselladeraufbau WLA Öl Hochmulde/Plane von Meiller (1974)*

sich ein hydraulisch bedienbarer Faltkran mit einer Auslegerlänge von 1,60 – 3,20 m bei einer Hubkraft von 1,5 – 3,2 to. Der zugehörige Greifer war auf der Ladefläche untergebracht und konnte mit wenigen Handgriffen mit dem Kranausleger verbunden werden.

1970 wurde ein Muldenkipper (MK) Magirus F 22 D 230 als Dreiachser 6 x 4 beschafft und konnte den GW 15 ablösen. Die Kippmulde bedeutet natürlich eine erhebliche Arbeitserleichterung für das eingesetzte Personal. Nach Einführung des Wechselladerprogrammes 1974 wurde auch dieser Kipper überflüssig und wurde zu einem Wechsellader-Trägerfahrzeug WL umgebaut. Die Mulde wurde abgenommen, das Fahrgestell um 1000 mm verlängert und mit einem Meiller-Abrollkippersystem RK 12005 ausgestattet.

Wechselladeraufbauten WLA Öl, WLA Ölsperre, WLA Mulde

Speziell für die Belange des Einsatzes mit Mineralölen wurden Wechselladeraufbauten konzipiert, die dem Ölalarmzug der Feuerwache 1 angehören, jedoch auf der Wache 6 stationiert sind. Die Aufbauten sind für Einsätze auf dem Lande wie auch Gewässern gedacht und entsprechend ausgerichtet und werden seit 1974 eingesetzt.

Einsetzbar bei Schadensfällen auf dem Land oder zu Wasser ist der WLA Öl von 1974 von Meiller, Hochmulde/Plane. Die Beladung besteht aus Bindemitteln für Land- und Gewässereinsatz, Vliesstoffwürsten, Schadstoffbehältern und nicht funkenreißenden Tiefbauwerkzeugen (z.B. Schaufel, Spaten usw.). Mitgeführt werden: 65 Sack Bindemittel für Einsatz auf Gewässern, 65 Sack Bindemittel für Einsatz zu Lande und 10 Sack Chemikalienbindemittel. Ursprünglich führte dieser Aufbau auch noch das Ölabsauggerät ÖSG mit, das später auf einen Anhänger verlastet wurde.

ÖLALARMZUG

Ebenso wie der WLA Öl stammt der WLA Ölsperre von Meiller aus dem Jahre 1974 und ist baugleich. Mitgeführt werden acht Ölsperren Typ „Expandic 3000" Hafenausführung mit einer Gesamtlänge von 200 Metern. Die Ölsperre dehnt sich ohne fremde Hilfe aus, nach Öffnen eines Ballons breiten sich die Sektionen automatisch aus. Luftdichte Kammern werden durch Spannfedern ausgedehnt und die erforderliche Luft durch Ventile angesaugt. Die Polyurethan-Ölsperre ist nach dem Aufrichten einsatzbereit. Mit einem Tiefgang von 47 cm können auch dickere Ölschichten aufgehalten werden. Der Einsatz dieses WLA geschieht in Verbindung mit dem Wasserrettungszug.

Eine Mulde von Meiller, 1984, ist mit Ladeklappe,

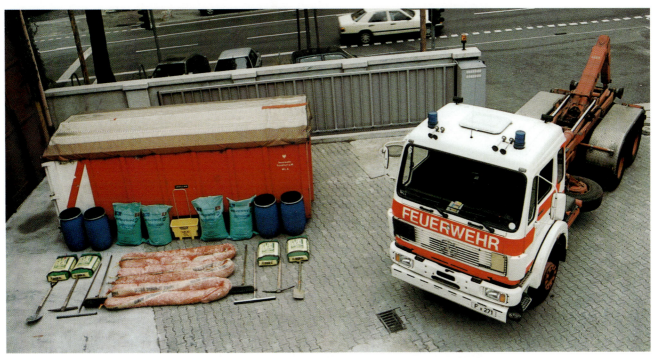

72 *Die Ausrüstung des WLA Öl besteht aus Bindemitteln für Öleinsätze auf dem Lande und zu Wasser, Chemikalienbindern, Vliesstoffwürsten und nicht funkenreißendem Werkzeug wie Hacken und Schaufeln sowie Fässern für Bindemittelaufnahme.*

73 *Der WLA Ölsperre ist baugleich mit dem WLA Öl.*

ÖLALARMZUG

74 Der WLA Ölsperre ist beladen mit 8 Ölsperren „Expandic 3000" in Hafenausführung, Gesamtlänge 200 Meter plus Ergänzungsausrüstung.

75 Der Wechselladeraufbau WLA 6/4 Mulde ist mit Ladeklappe samt Dichtlippe, Spriegel und Plane versehen. Er dient dem Abtransport von halbstarren Stoffen.

Spriegel und Plane ausgestattet. Die Ladeklappe ist mit Dichtlippen versehen. Die Mulde ist für halbstarre Stoffe wie verseuchtes Erdreich oder Bitumenmasse o.ä. gedacht. Die Plane schützt das Gefahrgut vor einer Vermischung mit Niederschlägen. Weitere offene Mulden, die für Transporte kontaminierten Gutes verwendet werden sollen, müssen vorher mit PVC-Planen ausgeschlagen werden.

Geräte zur Schadensbekämpfung auf Gewässern

Das Ölabsauggerät ÖSG dient dem Abpumpen von Mineralölen von Wasseroberflächen. Es besteht aus einem oben offenen Zylinder (Brunnen), getragen durch drei höhenverstellbare zylindrische Schwimmkörper. Am oberen Rand des Brunnens ist ein selbstschwimmender Überlaufring angebracht.

Ein Luftpolster in der Ringnut trennt Wasser im Brunnen von der Umgebung (Öl o.ä.). Die vom Wasser abgetrennten Medien können über zwei verschiedene Pumpsysteme abgesaugt werden. Das in Einzelteile zerlegte Gerät war bis zu einer Wellenhöhe von 8 cm einsetzbar, mußte an der Einsatzstelle zusammengesetzt werden und wurde per Kran gewassert. Ursprünglich ab 1974 auf dem Wechsellader Öl mitgeführt, verlastete man das ÖSG aus Platzgründen auf einen Einachsanhänger. Zuletzt ausgelagert bei der Freiwilligen Feuer-

ÖLALARMZUG

76 *Ölabsauggerät ÖSG zum Abpumpen von Ölfilmen auf dem Wasser (1973)*

77 *Das Pontonboot Oberhafen mit einer ziehharmonikaförmigen Leichtmetall-Ölsperre kann das Oberhafen-Becken abschotten und wurde 1984 von der Bootsbau Speck in Frankfurt-Schwanheim gebaut.*

78 *Zwei Pontons, aufgesattelt auf ein Trägerfahrzeug, bilden den Wechsellader Ölskimmer zur großflächigen Trennung von Ölfilmen auf dem Wasser.*

wehr Niederrad, wurde das ÖSG 1993 ersatzlos gestrichen. Technische Daten des Gerätes waren nicht mehr zu ermitteln.

Im Frankfurter Oberhafen oberhalb der Schleuse Offenbach steht ein Pontonboot mit eingebauter Ölsperre zur Verfügung. Im Bug ist eine ziehharmonikaförmig zusammengefaltete Ölsperre aus Leichtmetallsegmenten eingebaut, die durch Entriegelung einer Sperre zum Einsatz gelangt.

Die Sperrenlänge ist auf Beckenbreite ausgelegt und wird an Festpunkten der Kaimauer verankert. Vermögensrechtlich gehört das Boot zu den Hafenbetrieben und wurde 1984 von der Fa. Bootsbau Speck, Ffm-Schwanheim gebaut. Untergebracht ist der Ponton oberhalb des Hafenbeckens in einem Holzschuppen auf der Frankfurter Seite und wird auf einer Gleitschiene gewässert. Die Feuerlöschbootbesatzung bedient und betreut das Sondergerät. Maßgeblich für das Konzept sind das Vorhandensein großer Tankanlagen und das Umschlagen von Mineralölen aus Tankschiffen in diesem Hafenbecken.

Große Mengen Mineralöle werden täglich per Tankschiff transportiert, und immer wieder hört man von Havarien mit Austritt der Ladung und der damit verbundenen Gewässerverschmutzung. Es galt, ein Spezialgerät zu entwickeln, das die „Ölfilme" mechanisch vom Wasser trennt. Chemische Mittel zur Ölbeseitigung wirken sich, obwohl das Öl gebunden wird, nachteilig auf die Ökologie aus. Es wurde ein Schwimmcontainersystem entwickelt, welches ein Arbeiten mit dem Feuerlöschboot und anderen Geräten der Feuerwehr bei einem Ölunfall ermöglicht. Das System setzt sich aus zwei selbsttragenden Schwimmkörpern, einzeln oder auch gemeinsam einsetzbar, zusammen. Eine Containereinheit besteht in der Hauptsache aus einem begehbaren Doppelhüllenrumpf, vier Auftriebs- und zwei Öltanks. Klapparme dienen der Auffangverbreiterung.

Eine zum System gehörende begehbare Traverse verbindet beide Pontons als Schubverband vor dem Feuerlöschboot, so wird eine Arbeitsbreite von 20 m möglich. Da diese großformatigen Schwimmkörper nicht ständig im Wasser belassen werden können, sind sie an Land gelagert und werden im Einsatzfall von einem Kran auf ein Wechsellader-Trägerfahrzeug verlastet, an der Einsatzstelle entladen und zu Wasser gelassen. Die Transporthöhe beider Elemente beträgt aufgesattelt 3,9 m. Als Arbeitsprinzip wird das unterschiedliche spezifische Gewicht der Medien Wasser und Schadstoff genutzt, um z.B. Öl von der Wasseroberfläche zu skimmen (to skim = abschälen). Physikalisch geschieht die Medientrennung durch Kaskaden (Absetztanks) per Vertrimmen und Tauchen einer Rampe.

Somit wird Öl mittels Schwerkraftabtrennung vom Wasser abgeschieden und fließt über schwimmende Sauger (Trichter) in eine Ölsammelkammer und kann von dort aus abgesaugt werden.

Gebaut wurden die Schwimmcontainer von der Bayerischen Schiffbau GmbH Erlenbach/Main im Jahre 1993. Die Einheiten befinden sich noch in der Erprobungsphase, und hier zeigt sich wiederum die Experimentierfreude der Frankfurter Feuerwehr. Diese Skimmer sind wiederum bundesweit einmalig bei einer Feuerwehr.

79 *Die beiden Schwimmkörper sind an der Feuerlöschboot-Station an Land gelagert und werden im Einsatzfall auf ein Trägerfahrzeug verlastet.*

80 *Die zwei Pontons sind per begehbarer Traverse zu einem Schubverband verbunden. Die Klapparme im Vordergrund grenzen die Einsatzbreite von 20 Metern ein; als Schubfahrzeug fungiert hier das Feuerlöschboot, es können aber auch andere Wasserfahrzeuge sein. Die Elemente sind einzeln oder gemeinsam einsetzbar.*

Gefahrgutzug

GGZ

Mitte der sechziger Jahre paßte sich die Feuerwehr Frankfurt Schadenslagen, hervorgerufen durch Mineralölprodukte, an und stellte den Ölalarmzug zusammen. Heutzutage werden chemische Produkte aller Art und Gefahrenklasse auf der Straße, Schiene und Flüssen transportiert. Dies führt natürlich wiederum zu Karambolagen aller Art, wobei Gefahrgut fest, flüssig oder gasförmig freigesetzt wird und eine erhebliche Gefährdung für Menschen, Tiere, Sachwerte und Umwelt bedeutet. Schon geringste Konzentrationswerte können eine verheerende Wirkung haben. Ca. 70 000 chemische Verbindungen sind heute in Gebrauch, und einige tausend dieser Stoffe werden hauptsächlich per Straßentransport gefahren. Genau wie bei dem massierten Auftreten von „Ölunfällen" seinerzeit sind auch hier die Feuerwehren gefordert.

Entsprechend den neuen Einsatzanforderungen gab es einen Boom von Fahrzeugentwicklungen, die in verschiedenen Vorschriften der alten Bundesländer festgeschrieben wurden. Es entwickelten sich die Gerätewagen Gefahrgut, meist mit dem Fachbereich Atemschutz verbunden. Es gilt im Einsatzfalle, Schadstoffe aufzunehmen oder zu neutralisieren, entsprechendes Auffangmaterial bereitzuhalten. Zum Schutz der eingesetzten Trupps muß entsprechende Schutzkleidung mitgeführt werden. Ähnlich dem Rüstwagen Öl sind entsprechende Spezialwerkzeuge und Umfüllpumpen vorhanden. Meßgeräte gehören ebenfalls zum Programm. Genau wie anfangs Sonderlehrgänge für Ölschadensbekämpfung durchgeführt wurden, bieten heute die Feuerwehrschulen Gefahrgutlehrgänge an.

Um einmal darzustellen, was sich auf Deutschlands Straßen abspielt, sei eine Statistik aus einer Sendung des Fernsehsenders HR 3 vom 1.3.95 auszugsweise wiedergegeben. 1994 fanden 150 000 Gefahrguttransporte auf Straßen statt, die bei 900 Unfällen 25 Tote und 330 Verletzte forderten. Es wurden 400 Millionen Tonnen transportiert, doppelt soviel wie vor 10 Jahren! 58 % waren Alleinunfälle, und bei der Schadensaufnahme wurden 20 % falsche Angaben in den Ladepapieren, 50 % Verstöße gegen die Sozialvorschriften (Lenkzeit) sowie Geschwindigkeitsüberschreitungen festgestellt. Um Staus auf der Autobahn zu entgehen, wird auf die Landstraße ausgewichen, und gerade hier kann es in bewohnten Gebieten zu einer erheblichen Gefährdung für die Bevölkerung kommen. Basierend auf den Erfahrungen mit dem Ölalarmzug, baute die Frankfurter Feuerwehr den Gefahrgutzug auf.

Die Entwicklung begann 1987 mit dem Wechselladeraufbau Gefahrgut.

Heute besteht der Gefahrgutzug aus folgenden Einheiten:

81 *Gefahrguteinsatz am Hauptgüterbahnhof. Unter Vollschutz werden geborgene schadhafte Fässer in Überfässer verpackt und dann bei der Hessischen Industriemüll GmbH entsorgt.*

- WLA Gefahrgut
- WLA Umweltschutz (Hydrovac 1)
- WLA Hydrovac 2
- WLA Schadstoff
- Klein-Lkw GW 14
- Hilfeleistungslöschfahrzeug HLF
- Gabelstapler

Alle Sonderaufbauten sind auf der Feuerwache 6 in Ffm-Sachsenhausen stationiert. Ergänzend steht das Muldenprogramm zur Verfügung, und im Einsatz wird eng mit dem Atem- und Umweltschutzzug zusammengearbeitet. Der Wasserrettungszug greift selbstverständlich bei Unfällen auf Gewässern ein, und mit den Hilfeleistungszügen 2 und 5 wird bei Fahrzeugunfällen zusammengearbeitet. Man sieht, daß es selbstverständlich für eine Feuerwehr wie in Frankfurt ist, einen erheblichen Aufwand zu betreiben. Die in der Einleitung geschilderten Kriterien rechtfertigen die Vorhaltung einer solchen Spezialeinheit. Die Besatzung der Feuerwache 6 hat sich durch die Aufgabenstellung der verschiedenen Wechselladerprogramme, die dem Umweltschutz dienen, zu Spezialisten auf diesem Gebiet entwickelt. Vor dreißig Jahren konnte sich wohl niemand vorstellen, daß sich dieser Bereich von einigen Sack Sägemehl oder Sand zu einem hochqualifizierten Bestand an Spezialbindemitteln, Schadstoffbehältern und Überfässern sowie einer ausgefeilten Hintergrundlogistik entwickelt.

Die Bevölkerung kann „ruhig schlafen", da Umweltspezialisten der Frankfurter Feuerwehr für jede Einsatzfrage bereitstehen.

GEFAHRGUTZUG

82 Ab 1987 wurde als letztes Glied des Umweltschutzprogramms der BF Frankfurt der Gefahrgutzug aufgestellt. Von links nach rechts: Einsatzleitwagen ELW, Hilfeleistungs-Löschfahrzeug HLF von 1992, WLA Gefahrgut von 1987, WLA Umweltschutz Hydrovac 1 von 1990. Die WLA sind aufgesattelt. Nicht dabei der Hydrovac 2 von 1995.

83 Der Wechselladeraufbau WLA Gefahrgut, von Schmitz 1987 gebaut, entspricht in etwa dem Gerätewagen Gefahrgut GW-G. Spezialpumpen, Schläuche, nicht funkenreißendes Werkzeug aus V4A-Stahl gehören zur Ausrüstung.
In der Mitte des Bildes erkennbar ein Satz Auffangbehälter. Rechts davon die Duscheinrichtung zur Dekontamination des eingesetzten Personals.

Selbstverständlich hat die Leitstelle das Gefahrgutregister nach Hommel gespeichert, sie steht mit dem TUIS-System (Transport-, Unfall-, Informations- und Hilfeleistungssystem) der chemischen Industrie in Verbindung und hat Zugriff auf weitere Gefahrstoffdateien.

Wechselladeraufbauten Gefahrgut

Als erste Einheit des Gefahrgutzuges wurde 1987 der WLA Gefahrgut von Schmitz beschafft. Das Gerät ist mit Auffangbehältern zur Aufnahme von Säuren, Laugen und ätzenden Stoffen ausgerüstet. Säurebeständige Pumpen, Schlauchmaterial sowie Armaturen und Werkzeuge ergänzen die Ausrüstung. Zum Schutz gegen aggressive Stoffe sind die meisten Gegenstände aus nichtrostendem Stahl V4A hergestellt. Die Einsatzkräfte schützen sich mit Vollschutzanzügen, die mitgeführt werden. Die entsprechenden Auffangbehälter können maximal 6 m³ Gefahrgut aufnehmen. Ergänzt wird die Ausrüstung durch einen Edelstahl-Kombibehälter, der sich im Gerätelager der Feuerwache 6 befindet. Geeignet ist diese Einheit für Ersteinsätze kleineren Umfanges, um erste Schadensbegrenzungen einzuleiten. Die eingebaute Duschkabine samt Frischwassertank mit 400 Litern Inhalt dient der Grobdekontamination eingesetzter Kräfte. Ein Duschbad unter normalen Umständen benötigt ca. 30 l Wasser, und so reicht der Wasservorrat unter Einsatzsituationen für mehrere Personen. Der Container hat pro Seite drei Rolladenverschlüsse.

In einem Wechselladeraufbau der Firma Ziegler (1990) ist das „Hydrovac-Schadstoffsaugsystem" zur Absaugung und Aufnahme von flüssigen Chemikalien wie Säuren oder Laugen oder Explosivstoffen wie Benzin sowie Öl eingebaut. Ferner ist eine Wasser-Öl-Trennung nach dem Ölabscheiderprinzip möglich. Hergestellt wurde das System von der Firma Hydrovac GmbH, Gesellschaft für Umweltschutz in Bischofsheim, gelegen zwischen Frankfurt und Hanau. Angesaugt wird das Flüssigmedium durch einen Vakuumerzeuger im Strahlpumpensystem. Das Treibmittel Wasser betreibt die Anlage in einem geschlossenen System und erzeugt einen Unterdruck von 20 mbar, das entspricht einer Saughöhe von 9,8 m. Weitere Komponenten dieser Anlage bilden der Selbstentleerer Druck/Vakuum zur Trennung von Wasser-Öl-Gemischen (das Wasser wird automatisch entleert), und wenn dieser Behälter voll ist, wird das Medium in den Druckbehälter weitergeleitet. Die gesamte Anlage ist für den Straßentransport der im Anfang geschilderten Stoffe zugelassen. Fünf formfeste, spiralverstärkte und säurefeste Schläuche je 20 m Länge auf Haspeln stehen zur Absaugung der verschiedenen Flüssigstoffe bereit. Stark verschlammte Stoffe oder schweres Heizöl können per Vakuum und einer Spezialglocke in handelsübliche 200-Liter-Normfässer mit Deckelverschluß abgefüllt werden, ohne den Tank des Systems in Anspruch zu nehmen. Ein ähnliches System ist im RW-Umweltschutz installiert.

Nahdem 1992 das Großtanklöschfahrzeug GTLF 24 (Band 1) mit seiner 6000-Liter-Aufnahmekammer für Mineralölprodukte außer Dienst ging, mußte ein Ersatzbehälter zur Aufnahme flüssigen Gefahrgutes geschaffen werden. Der 1995 in Dienst gestellte Hydrovac-Behälter (Name patentrechtlich geschützt) hat eine Aufnahmekapazität von 7500 Litern flüssiger Gefahrgutstoffe. Der Einkammerbehälter ist im Inneren mit Schwallblechen ausgestattet und beweglich in einem Rohrtunnel auf einer Torsionswaage gelagert. Das garantiert das Einpendeln des Tanks je nach spezifischem Gewicht der aufgenommenen Flüssigkeit. Es können ca. 2000 Flüssigkeiten der verschiedensten Gefahrgutklassen aufgenommen werden. Befüllt wird das Gerät per Pumpen des Wechselladers Gefahrgut, und bei der Entleerung gibt es zwei Möglichkeiten: Per Pumpe des WLA Gefahrgut oder per Gasdruck aus einer mitgeführten Stickstoffflasche, 50 Liter, 200 bar Fülldruck. Den Sonderaufbau fertigte die Firma Meiller, der Tankhersteller ist die Firma Horst Fischer in Niederdorffelden in der Nähe Frankfurts.

In einem Wechselladeraufbau von Berger, 1990, sind sämtliche Behältnisse zur Schadstoffaufnahme untergebracht. Die Bandbreite des Angebotes reicht von Weithalskanistern bis hin zu Überfässern. Verbrauchte Behälter werden aus dem umfangreichen Bestand im Keller unter der Fahrzeughalle der Feuerwache 6 ergänzt.

84 *WLA Umweltschutz von Ziegler mit Schadstoffsaugsystem Hydrovac, 1990. Gut zu erkennen die fünf formfesten Schläuche je 20 Meter zum Absaugen verschiedener Flüssigkeiten.*

85 *Der Wechselladeraufbau WLA Hydrovac 2 kann bis zu 7500 Liter flüssiges Gefahrgut aller Klassen aufnehmen. Der Tank stammt von der Firma H. Fischer aus Niederdorffelden, und den Aufbau fertigte Meiller 1994/95.*

GEFAHRGUTZUG

87 *In einem WLA von Berger aus dem Jahre 1990 werden seit 1994 Über- und Schadstoffässer aller Art zur Einsatzstelle gebracht.*

86 *Der Gerätewagen GW 1 auf MB 508 D von 1981 dient dem Nachschub mit Sondergeräten für den Umweltschutzeinsatz sowie Gerätschaften für Brände und Hilfeleistungen.*

Klein-LKW GW und Gabelstapler

Der LKW MB 508 D mit Pritsche, Plane und Ladebordwand von 1981 sorgt für Nachschub an den Einsatzstellen. Es gilt z.B. den Edelstahl-Kombi-Behälter oder mit Gefahrgut gefüllte Fässer zu transportieren.

Im Mai 1993 wurde ein Gabelstapler Detas Robustus SH 30 in Dienst gestellt. Aufgabe ist die Be- und Entladung von Nachschubfahrzeugen wie z.B. dem GW 1. Die im Lager der Feuerwache 6 gestapelten Gitterboxen mit Gerätschaften wie Tauchpumpen oder Tragkraftspritzen sowie mit Gefahrgut gefüllte Fässer lassen sich somit mühelos bewegen.

88 *Seit 1993 erleichtert der Gabelstapler Detas Robustus SH 30 das Beladen von Nachschubeinheiten mit dem umfangreichen Material aus dem Hochregallager der Feuerwache 6 erheblich.*

Das Wechselladerprogramm

Sonderfahrzeuge aller Art standen bei den Feuerwehren schon immer bereit. Der Nachteil war, daß diese Einheiten wenig ausrückten, jedoch in speziellen Einsatzlagen unbedingt notwendig sind. Als Beispiel seien hier einmal das in den Ölalarmzug integrierte Trockenlöschfahrzeug TroLF 1500 oder die Schlauchwagen SW 2000 genannt.

Solche Fahrzeuge müssen ständig gepflegt werden, und entsprechendes Personal ist bereitzuhalten. Während im gewerblichen Bereich (z.B. der Bauindustrie) ab ca. 1954 bereits Wechselladersysteme genutzt wurden, kam die Feuerwehr erst recht spät auf die Idee, solche bereits auf dem Markt befindlichen Systeme zu nutzen. Ausschlaggebend dürften Kosten-Nutzen-Rechnungen der Verwaltungen gewesen sein. Eine Feuerwehr muß Spezialfahrzeuge bereithalten, um Sonderfällen gewachsen zu sein. Verwaltungsrechnungen sehen jedoch anders aus. Man rechnet die Zahl der Einsätze und nicht die benötigten Fahrzeuge, um die Lage „in den Griff" zu bekommen.

Als Beschaffungsargument galt, daß mit einem Trägerfahrzeug mehrere Aufbauten bedient werden können. Hintergründig wirkt sich aus, daß anstatt für drei Sonderfahrzeuge (Beispiel) nur noch Personal für ein Trägerfahrzeug gebraucht wird und dieser Effekt sich personal- und kostensenkend auswirkt. Der Nachteil des Wechselladersystems ist, daß Rüstzeiten zum Aufsatteln der Auflieger erforderlich sind. Die Frankfurter Feuerwehr, heute ausgerüstet mit einem umfangreichen Wechselladerprogramm, löst dieses Problem auf elegante Art. Für den ersten Abmarsch benötigte Wechselladeraufbauten (z.B. Gefahrgut, Pulver, CO_2) sind ständig einsatzbereit aufgesattelt. Sollten andere Aufbauten im zweiten Abmarsch (z.B. Brandschuttbeseitigung) benötigt werden, wird in aller Ruhe umgerüstet. Wechselladerprogramme für Feuerwehren gibt es seit Anfang der siebziger Jahre. Duisburg begann mit einem Absetzsystem. Mittlerweile waren verschiedene Systeme im Angebot. Es handelte sich um:
- Stützsysteme
- Hubsysteme
- Absetzkippersysteme
- Abroll- und Gleitsysteme

89 *Ein Ausschnitt des ab 1974 aufgebauten umfangreichen Wechselladerprogramms. Rechts im Bild die drei Trägerfahrzeuge MB 2228/45 6 x 2, eines davon mit Liftachse. Die Fahrzeuge stammen aus den Jahren 1984, 1988 und 1989.*

Bei den Abroll- und Gleitsystemen entschied sich die Frankfurter Feuerwehr für das Meiller-Abrollsystem (F. X. Meiller, München, patentiert). Es wird durch einen Hydraulikzylinder ein Winkelarm mit Haken am Ende bewegt. Der Winkelarm bringt den Abrollbehälter in Schräglage, bis am Behälterende montierte Rollen den Boden berühren und das Element nach hinten abrollt. Das Ganze nennt sich Abrollsystem. Als einziger Nachteil erweist sich, daß für den Absetzvorgang mehr als die doppelte Fahrzeuglänge benötigt wird und nicht immer ein Fußballplatz zur Verfügung steht!

1980 wurden Wechselladersysteme für Feuerwehren in DIN 14 505 genormt, und das Abrollkippersystem hat sich mehrheitlich bei den Feuerwehren durchgesetzt. Während die Norm von 1980 noch Zweiachsfahrzeuge vorschreibt, ist man in der Praxis aus Gründen der Tragfähigkeit schon lange zu Dreiachsern übergegangen.

Heute ist das umfangreiche Frankfurter Wechselladerprogramm auf den Wachen 6 (Sachsenhausen) und 7 (Nordweststadt) stationiert, wobei die Wache 6 den Schwerpunkt bildet. Spötter bezeichnen diese Wache auch als „Kiste- und Kaste-Wach".

Im erweiterten Sinn der Wechselladerflotte ist auch das Kettenfahrzeug mit Wechselaufbauten zu sehen. Die Container dieses Systems sind jedoch nicht kompatibel.

Vorläufer des Wechselladerprogramms

Bevor die Wechselladerfahrzeuge und ihre Aufbauten einzeln vorgestellt werden, sei ein Ausflug in die moderne Frankfurter Feuerwehrgeschichte erlaubt.

Ehe die Kosten-Nutzen-Rechnung zur Einführung des Wechselladerprogrammes führte, stand der Frankfurter Feuerwehr eine Reihe von Sonderfahrzeugen der verschiedensten Art zur Verfügung.

Auf der Feuerwache 6 waren eine Sattelzugmaschine sowie mehrere Tiefladeanhänger stationiert, die je nach Bedarf einen Sattelzug bilden konnten. Hinzu kamen Fahrzeuge wie auch Anhänger, deren Aufgaben später durch Wechselladeraufbauten übernommen wurden. Es seien genannt:
– Sattelzug mit Auflieger;
– Sattelzugmaschine ZM 2;
– Rohrauflieger RA;
– Schaummittelauflieger SA (siehe Ölalarmzug);
– Tankwagenauflieger TWA;

90 *Ein großes Löschgerät GLG/LF 25 Magirus L 145 wurde zu einer Zugmaschine für einen Tankauflieger Wasser umgebaut. Diese Konstruktion stammt wohl aus der Mitte der fünfziger Jahre.*

91 *Die Zugmaschine ZM 2 war ein KHD Mercur 120 S von 1963, gedacht als Zugfahrzeug für verschiedene Auflieger.*

92 *Die Zugmaschine ZM 2 mit dem Rohrauflieger RA für Lanninger-Rohre auf TPF 340 von 1958. Ebenfalls eine Frankfurter Eigenkonstruktion.*

– Trockenlöschfahrzeug TroLF 1500 (siehe Ölalarmzug);
– Kohlensäureanhänger CA;
– Schlauchwagen SW 2000/T.
– Sattelzug mit Auflieger.

Hier handelt es sich um ein umgebautes Großes Löschgerät GLG/LF 25 Magirus L 145 mit einem Tankauflieger für Wasser. Wohl eine Eigenkonstruktion, und das Bild läßt Assoziationen in Richtung Milchtankwagen zu. Weitere technische Daten sind nicht mehr zu ermitteln.

Zugmaschine ZM 2

Im Gegensatz zur Zugmaschine ZM 1 des Ölalarmzuges konnte dieses Fahrzeug verschiedene Sattelanhänger ankuppeln. Es war ein KHD Mercur 120 S von 1963 mit einer max. Zugkraft von 6 Tonnen.

Rohrauflieger RA

Der Sattelauflieger, Pritsche mit Rungen auf TPF 340 aus dem Jahre 1958, transportierte Lanninger-Schnellkupplungsrohre. Diese Rohre, hauptsächlich für die Landwirtschaft gedacht, haben bei der Frankfurter Feuerwehr eine Tradition bis an den Anfang der dreißiger Jahre gehabt. Im Krieg wurden damit stationäre Löschwasserleitungen aufgebaut, es existierte sogar ein Plan, den Main zwecks Trinkwasserversorgung zu unterfahren. Fest installiert waren die Lanninger-Rohre auf der Mülldeponie „Monte Scherbelino", seinerzeit eine Dauerbrandstelle.

Der Auflieger war wohl für den Austausch fest verlegter Rohre oder zum Aufbau einer neuen Wasserversorgung auf dem „Scherbelino" gedacht, da ein einsatzmäßiges Verlegen dieses Systems an einer „normalen" Einsatzstelle wohl zu lange gedauert hätte.

Tankwagenauflieger TWA

1959 baute sich die Branddirektion in Eigenregie auf ein Sattelanhängerfahrgestell TPF 450 zwei Tankbehälter mit insgesamt 4900 Litern Tankinhalt für Flüssigkeiten der Gefahrenklasse A III (z.B. Diesel und Heizöl) auf. Es gab eine große und eine kleine Tankkammer. Ob dieser Anhänger ständig befüllt war oder ob einer der beiden Tanks zur Aufnahme brennbarer Flüssigkeiten im Sinne des Ölalarmzuges gedacht war, ist aus heutiger Sicht nicht mehr zu ermitteln.

93 *Der Tankwagenauflieger von 1959 auf einem Fahrgestell TPF 450 faßt 4900 Liter brennbare Flüssigkeiten (Diesel, Heizöl), verteilt auf zwei Tankkammern.*

VORLÄUFER DES WECHSELLADERPROGRAMMS

Kohlensäure-Anhänger CA

Diese zwei ersten Sonderlöschgeräte waren auf den Wachen 2 (Burgstraße) und 6 (Sachsenhausen) stationiert und wurden 1946 von Branddirektor Lomb beschafft. Es handelte sich um Zweiachsanhänger mit geschlossenem Aufbau; eine Haube, die die Anlage vor Witterungseinflüssen schützte, ließ sich im Einsatzfalle leicht abheben. Die zwei Achsen gestatteten leichte Beweglichkeit des Anhängers. Die Löschanlage von „Walther Polar" bestand aus acht Stahlflaschen je 30 kg Kohlensäure, und es konnte ein Schnellangriff mit zwei 24 m langen Hochdruckschläuchen nebst Schneerohr stattfinden. Außerdem waren leicht zugänglich zwei Verlängerungsschläuche auf Haspeln im Unterteil des Anhängers untergebracht. Somit standen 96 m Schlauchlänge zur Verfügung. Auf dem Dach lagerten zusammenschraubbare Verlängerungsrohre für die beiden Schneerohre. Betrachtet man das Erscheinungsbild des Anhängers, erklärt sich der Spitzname „Schildkröte"!

Schlauchwagen SW 2000 T (Trupp)

Die Schlauchwagen heutiger Form entwickelten sich vom Schlauchkarren über verschiedenste Varianten. Der legendäre Frankfurter Branddirektor Schänker beschaffte bereits 1929 einen Schlauchwagen (Tender) auf Lastwagenfahrgestell mit Leichtmetallaufbau und Rolladenverschlüssen aus Holz. Zu Kriegszeiten wurden Schlauchkraftwagen SKW in Großserie hergestellt und an die Feuerlöschpolizei ausgeliefert und bildeten die teils einzigen Sonderfahrzeuge der Feuerwehr. Aus Magistratsakten der Stadt Frankfurt läßt sich herauslesen, daß ein großer Bedarf an SKW bestand, wohl wissend, welche Anforderungen an die Feuerwehr nach Bombenangriffen gestellt werden.

1959 beschaffte die Berufsfeuerwehr zwei Schlauchwagen SW 2000 T (Trupp). Das in DIN 14 560 genormte Fahrzeug verfügte über 2000 m B-Schlauch (75 mm), 150 m C-Schlauch (52 mm), eine Tragkraftspritze TS 8/8 sowie wasserführende Armaturen aller Art. Es handelte sich um einen Mercedes MB 311/42 mit Metz-Aufbau. 1966 folgte ein weiterer SW 2000 T auf Magirus Deutz F 150 D 10 A. Hier waren anstatt 150 m sogar 360 m C-Schlauch C 42 verlastet. Ebenfalls führte dieses Fahrzeug Schaummittelkanister mit Schwerschaummittel Tutogen mit. Die auf dem Dach befindliche Rohrschlauchbrücke zur Überquerung von Straßen wurde wohl nie eingesetzt.

Sinn und Zweck der Schlauchwagen bestand darin, zusammengekuppelte B-Schläuche, in Buchten auf Einschubfächern gelagert, während langsamer Fahrt auszulegen. Ein Feuerwehrmann (auf einer Trittplatte am Heck stehend) konnte den Schlauchablauf kontrollieren. Dieses Prinzip ersparte das mühsame Auswerfen und Kuppeln der ca. 20 kg schweren B-Schläuche bei einer Wasserförderung über lange Wegstrecken.

94 *Das Achtflaschen-CO_2-Gerät von Walther Polar ist mit acht Flaschen je 30 kg ausgerüstet und war das erste Sonderlöschgerät nach dem Krieg.*

95 *Der Schlauchwagen SW 2000 T von 1959 stellte die erste Generation SW in Frankfurt dar. Der MB 311/42 ist mit einem Metz-Aufbau ausgestattet; 1966 folgte ein Magirus Deutz F 150 D 10 A.*

Trägerfahrzeuge für Wechselladeraufbauten

1973 wurde in Frankfurt mit dem Aufbau des Wechselladerprogramms begonnen. Als erstes Trägerfahrzeug wurde ein MAN 16.256 G (ausgestattet mit dem Meiller-System) beschafft. Nachdem der Muldenkipper des Ölalarmzuges durch das neue Konzept nicht mehr benötigt wurde, baute man das Fahrzeug zu einem WL um. Der Rahmen wurde um 1000 mm verlängert und die Meiller-Abrolltechnik eingebaut. In Frankfurt werden die Basisfahrzeuge mit WL für Wechsellader bezeichnet.

Drei Aufbauhersteller waren oder sind präsent: Maschinenfabrik Augsburg Nürnberg MAN, Magirus Deutz MD, Mercedes-Benz MB.

Da das WL-Programm sich seit seiner Einführung ständig geändert hat, sei hier der Einfachheit halber eine Liste mit sämtlichen Wechselladerfahrzeugen eingefügt. Anhand der Kennzeichen-Nummern sieht der Leser auf den Bildern, um welches Fahrzeug es sich handelt.

Als Besonderheit sei der Wechsellader WL 6 mit seiner Liftachse hervorgehoben. Die erste Hinterachse ist doppelt, die zweite nur einfach bereift. Im unbeladenen Zustand hängt die zweite Achse mit den Rädern „in der Luft" und senkt sich nur im beladenem Zustand des Fahrzeuges automatisch bei Erreichen einer bestimmten Belastungsgrenze ab. Das System ist reifensparend, da bei Kurvenfahrten mit Dreiachssystem ein erheblicher Reifenabrieb entsteht.

Momentan stehen der Feuerwehr sechs WL-Fahrzeuge zur Verfügung.

Wechselladerfahrzeuge seit 1973

Lfd.Nr.	WL/Nr.	Typ	FW	Baujahr	in Dienst bis	Kennzeichen	Achsen
1	WLG später WL 1	MAN 16.256 G	6	1973	1985	F-282	2
2	WL 2 vormals MK 7	MD F 230 D 22 A	6	1970	1982	F-267	2
3	WL 3	MAN 16.240 F	6	1978	1989	F-213	2
4	WL 4	MD 232 D 15 F	7	1980	heute	F-274	2
5	WL 5	MAN 16.240 G	THW	1981	heute	F-221	2
6	WL 2	MD 232 D 15 F	7	1982	heute	F-286	2
7	WL 6	MB 2228/45 6x2, Liftachse	6	1984	heute	F-260	3
8	WL 1	MB 2228/45 6x2	6	1988	heute	F-699	3
9	WL 7	MB 2228/45 6x2	6	1989	heute	F-231	3

96 Der Wechsellader WL 5 MAN 16.240 G von 1981 steht heute dem Technischen Hilfswerk für den Gewässerschutz zur Verfügung. In der Geschichte der WLF gab es insgesamt drei MAN-Fahrgestelle.

Wechselladeraufbauten

WLA

Drei WLF sind auf der Wache 6, zwei auf der Wache 7 stationiert. Der WL 5 ist an das Technische Hilfswerk als Ergänzung des Gewässerschutzzuges ausgeliehen. Natürlich lösten die Wechsellader und ihre Aufbauten auch den umfangreichen Lkw-Park des Ölalarmzuges und der Abt. 37.21, Einsatz und Organisation, ab.

Die Wechselladeraufbauten, in Frankfurt WLA mit entsprechender Arbeitsbezeichnung betitelt, bestimmen das Programm. Rechnet man die in Erprobung befindlichen WLA hinzu, stehen heute 29 Wechselladeraufbauten zur Verfügung. Das Angebot der Aufbauten läßt sich in folgende Gruppen aufgliedern:
1) Brandbekämpfung
2) Technische Hilfeleistung
3) Umwelt- und Atemschutz
4) Betreuung und Ambulanz
5) Mulden/Versorgung

Es werden hier nur Wechselladeraufbauten gezeigt, die noch nicht vorgestellt wurden. Bei den Wechselladeraufbauten gibt es insgesamt neun Aufbauversionen und WLAs für verschiedene Transportaufgaben.
– Pritsche/Plane – CO$_2$, Pulver, Dekon;
– Hochmulde/Plane – Rüst, Öl, Ölsperre, Lüfter;
– offene Mulde – 6/1, 6/2, 6/3, 7/1 (die erste Zahl bezeichnet die Wache);
– geschlossener Kasten – Küche;
– Kasten mit 3 Rolläden/Seite – Gefahrgut, Umweltschutz;
– Kasten mit 4 Rolläden/Seite – Ambulanz, Schlauch 6/2, 7/1, 3;
– Pritsche mit Bordwand;
– Aufbau mit Tank – Tankstelle, Schaumtank, Hydrovac 2;
– Ponton Ölskimmer.

97 *Das Heck des WL 5 zeigt deutlich die Ablaufrollen für die Wechselladeraufbauten sowie den hydraulisch gesteuerten Winkelarm System Meiller.*

98 *Dieses Einsatzfoto zeigt deutlich, daß für einen Wechsellader im Einsatz die doppelte Fahrzeuglänge benötigt wird.*

Brandbekämpfung

Auf dem **WLA Pulver Meiller/Total, 1974, FW 6**, sind zwei Pulverlöschanlagen PLA 750 und somit 1500 kg Pulver auf einer Pritsche mit Plane montiert. Das BC-Pulver (brennbare Flüssigkeiten, Gase) wird per zwei 30 m langen formbeständigen Schläuchen samt Pulverrohr auf die Brandstelle gebracht. Die Ausstoßraten und sonstigen technischen Daten entsprechen dem Trockentanklöschfahrzeug.

WLA Kohlendioxid CO$_2$, Meiller/Total, 1974, FW 6: 800 kg CO$_2$ in Flaschenbatterien, verbunden mit formbeständigen Schnellangriffsschläuchen je 30 m und Schneerohren, sind auf einer Pritsche mit Plane gelagert. Der WLA ersetzte die Kohlensäureanhänger CA.

99 *WLA Pulver Pritsche/Plane von Total/Meiller, 1974*

100 *Auf dem Wechselladeraufbau Pulver sind zwei Pulverlöschanlagen PLA 750 untergebracht.*

WLA Schaumtank, Haller, 1987, FW 6: 6000 Liter Mehrbereichsschaummittel befinden sich in einem Tankabrollbehälter. Eine Pumpe versorgt die eingesetzten Einheiten mit dem Schaummittel. Der Auflieger wurde 1988 auf der „Interschutz" in Hannover vorgestellt. Der Schaummittelauflieger wurde hiermit überflüssig.

WLA Schlauch 1 und 3, Ottenbacher 1977 und 1980, Gaull (2) 1979, FW 6 + 7: Diese WLA sind ausgerüstet wie die genormten Schlauchwagen SW 2000, jedoch wird zusätzlich zur Tragkraftspritze TS 8/8 eine Lenzpumpe LP 24/4 mitgeführt. Auch das Prinzip der in Buchten gelagerten B-Schläuche wurde beibehalten.

WLA Lüfter, Meiller, 1990, FW 6: Der WLA dient der Be- und Entlüftung von Einsatzstellen. Vier Auer-Aggregate, tragbar mit 18 000 m³/h Leistung samt Lutten und Zubehör sowie zwei fahrbare Tempest-Lüfter mit

101 *Wechselladeraufbau Pritsche/Plane Kohlendioxid CO_2, Meiller/Total von 1974*

102 *800 kg CO_2 des WLA beim Einsatz in einer EDV-Anlage*

WECHSELLADERAUFBAUTEN

103 *Der WLA Schaumtank von Haller (1987) hat einen Inhalt von 6000 Liter Mehrbereichsschaummittel. Schläuche und Armaturen gehören ebenfalls zur Ausrüstung.*

104 *Der WLA Schaumtank einsatzbereit: Links führt ein Schlauch zur Einspeisung in ein Einsatzfahrzeug.*

105 *Die Wechselladeraufbauten WLA Schlauch 1 und 3 von Ottenbacher (1977 und 1980) sowie der WLA Schlauch 2 von Gaull (1979) sind ausgestattet wie die Schlauchwagen SW 2000.*

106 *Die B-Schläuche im Heck, zusammengekuppelt und buchtenförmig gelagert, lassen sich während der Fahrt auslegen.*

15 200 m³/h werden mitgeführt. Die Auer-Geräte entsprechen in ihrer Bauart den Lüftern auf den Trockentanklöschfahrzeugen und Rüstwagen, leisten jedoch mehr.

WLA Rauch, Berger, 1982, FW 7: Das 72 000 m³/h leistende Be- und Entlüftungsgerät ist gedacht für Einsätze in unterirdischen Verkehrsanlagen. Die Luttenschläuche mit 1,00 m Durchmesser werden an vorgesehenen Stellen direkt an die U-Bahnröhren angeschlossen. Werkzeuge, Anschlußstücke und Rohrkrümmer gehören zur Ausrüstung. Wegen der hohen Leistungsaufnahme der Lüftermotoren kann das Aggregat nur in Verbindung mit dem Generatoranhänger (156 kVA) eingesetzt werden. WLA und Anhänger bilden eine Ergänzungseinheit des Hilfeleistungszuges Schiene (s. Band 1) und sind in dieser Form in Deutschland einmalig.

107 *Der WLA Lüfter von Meiller (1990) führt Auer-Aggregate ähnlich den Lüftern auf den Trockentanklöschfahrzeugen mit. Ebenfalls gehören Tempest-Lüfter zur Ausrüstung.*

108 *72 000 m³ leistet das Be- und Entlüftungsgerät WLA Rauch von Berger (1982).*

109 *Die einen Meter lichte Weite messenden Luttenschläuche werden zu Be- und Entlüftungszwecken an U-Bahnschächte angeschlossen.*

WECHSELLADERAUFBAUTEN

110 *Der WLA Rüst von Meiller (1974) führt Rüstmaterial aller Art mit. Es handelt sich hauptsächlich um Bohlen, Kanthölzer und Stahlsprießen.*

111 *Mit dem Rüstholz des WLA Rüst können beispielsweise einsturzgefährdete Decken abgestützt werden.*

Technische Hilfeleistung

WLA Rüst, Meiller, 1974, FW 6: Hier wird Material zum Abdichten und Abstützen von Gebäudeteilen, Trümmern, Gräben usw. mitgeführt. Im einzelnen handelt es sich um Plastikfolien, Dachlatten, Bretter und Bohlen, Kanthölzer, Sprießen System Hünnebeck und Kanalsprießen sowie Werkzeuge und entsprechende Kleinmaterialien wie Bauklammern und Nägel. Einem „Häuslebauer" lacht das Herz beim Anblick dieses Materials, könnte man hiermit den größten Teil der Einschalungsarbeiten bewältigen. Ursprünglich hieß dieses Gerät WLA Kath, was jedoch zu Irritationen in Richtung Katastrophenschutz führte.

WLA Mulde Scheibensicherung 6/1 und 7/1, Meiller, 1980, FW 6 und 7: Ausgerüstet mit einem 2,5-kVA-Generator, sind auf der Mulde Spanplatten, Dachlatten, Ketten- und Handkreissäge sowie Werkzeug und Kleinmaterial gelagert. Es gilt für das „Scheibensicherungskommando" leere Fensterhöhlen oder Türöffnungen nach Bränden provisorisch abzudichten. Auch fordert die Polizei diese Einheit nach Einbrüchen oder gewalttätigen Demonstrationen zum Sichern zertrümmerter Schaufensterscheiben o.ä. an. Versuche, diese Aufgaben an die Schreinerinnung abzugeben, scheiterten. Früher war das Material für Scheibensicherung auf zwei Wachen gelagert und wurde dort nach durchgegebenen Maßen zurechtgeschnitten, auf einen Lkw verladen und dann vor Ort eingebaut. Eine lustige Episode fällt dem Autor an dieser Stelle ein: Die Maße (länger als 2 m) wurden durchgegeben, und die Kollegen vermaßen die Spanplatte. Lustigerweise besaß einer der Herren einen „Zollstock" mit Zentimeter- und Zolleinteilung auf der anderen Seite. An der Einsatzstelle angekommen, paßte die Spanplatte nicht, weil der gute Mann statt Zentimeter in Zoll gemessen hatte!

Mulden und Versorgung

WLA Mulde 6/2, Meiller 1978, FW 6: eine offene Mulde gedacht für Brandschutttransporte.

WLA Mulde 6/3, Meiller 1978, FW 6: Eine offene Mulde, ausgestattet mit einer elektrischen Seilwinde, dient dem Transport fahruntüchtiger Pkw. Dieser WLA löste den Abschleppanhänger als unmittelbaren Vorgänger ab.

WLA Pritsche, Meiller, 1986, FW 6: Die Bordwände der Pritsche sind aus Leichtmetall gefertigt und abklappbar.

WECHSELLADERAUFBAUTEN

112 *Der WLA Mulde 6/3 von Meiller (1978) dient dem Transport fahruntüchtiger Pkw und KTW.*

113 *Die Bordwände des WLA Pritsche von Meiller (1986) sind aus Leichtmetall gefertigt.*

Kettenfahrzeug

KF

114 *Das Kettenfahrzeug Hägglunds BV 206 D mit einem Daimler-Benz-Motor OM mit 125 PS Leistung zeigt seine Geländegängigkeit; hier die Seitenneigung (bis 42 Grad!)*

115 *1987 wird das Gerät auf dem Frankfurter Römerberg der Öffentlichkeit vorgestellt. Links ein Firmenvertreter, in der Mitte Amtsleiter Prof. Dipl.-Ing. Ernst Achilles und rechts der Wachvorsteher der FW 6, Walter Meinel, auf dessen Wache das KF stationiert wird.*

1987 wurde von der Frankfurter Feuerwehr ein Kettenfahrzeug für Einsatzzwecke der Feuerwehr vorgestellt. Unwegsames Gelände, Gleisanlagen von Bundes-, S- und U-Bahn, Waldgebiete abseits von Schneisen, Kiesgruben, Schutt- und Mülldeponien sowie ausgedehnte Schneeflächen sind Einsatzgebiete dieses Fahrzeuges. Es handelt sich um Flächen, die mit herkömmlichen Feuerwehrfahrzeugen nicht erreicht werden können.

Kettenfahrzeug heißt im vorliegenden Fall nichts anderes als Gleiskettenfahrzeug. Ein Zitat aus dem Großen Duden-Lexikon von 1969 lautet: Ein Gleiskettenfahrzeug ist ein Fahrzeug, dessen Räder auf Ketten laufen (verringerter Bodendruck). Hauptsächlich für militärische Zwecke eingesetzt, jedoch auch für land- und forstwirtschaftliche Zwecke und im Baugewerbe als Planierraupe bekannt. Basierend auf dieser Erkenntnis entwickelte die schwedische Firma Hägglunds aus der ASEA-Gruppe ein zweiteiliges Fahrzeug, verbunden mit Servogelenken. Der Vorderwagen dient als Mannschaftstransporter, während der Hinterwagen mit einem Wechselladersystem ähnlich dem Meiller-System ausgestattet ist. Sämtliche vier Gleisketten aus Gummi mit Nylonverstärkung treiben die Fahrzeugeinheit an. Durch die Gleisketten wird nur die Hälfte des Druckes eines menschlichen Fußes auf den Boden übertragen, somit ist das Fahrzeug extrem geländetauglich. Es handelt sich um einen Hägglunds BV 206 D, angetrieben von einem Daimler-Benz OM-Motor mit 125 PS Leistung. Auf der Straße erreicht das Fahrzeug 50 km/h.

Da der Gummiabrieb der Kette bei Straßenfahrten erheblich ist, wird dieses Fahrzeug per Tieflader an die entsprechenden Einsatzstellen gebracht. Bei Fahrten über „Stock und Stein" rüttelt und schüttelt es erheblich. Die geringe Bodenhaftung stellte das KF bei einer Vorführung unter Beweis, als ein locker aufgeschichteter Reisighaufen „erklettert" wurde. Das aufgehäufte Reisig stürzte nicht zusammen! Die Steigungsfähigkeit beträgt bei festem hartem Untergrund 31°, die Seitenneigung kann 42° erreichen. Wegen der Gleisketten wurde das Fahrzeug von den Kollegen sogleich „Panzer" genannt,

KETTENFAHRZEUG

116 *Die linke Fahrzeugeinheit dient dem Antrieb und dem Mannschaftstransport und ist mit dem rechten Teil per Servogelenk fest verbunden. Die rechte Einheit dient dem Transport verschiedener Wechselladeraufbauten und stammt von Atlas/Weyhausen. Das Hakensystem erinnert an das Meiller-System.*

117 *Auf dem Hinterwagen wird gerade der Aufbau Hochmulde aufgesattelt. Rechts steht der Aufbau Metallbrandpulver. Zum System gehört ebenfalls eine offene Pritsche mit Plane.*

nur in der Datei der Einsatzleitstelle firmiert das Gerät als Kettenfahrzeug KF, was sich sehr trocken anhört. Eingesetzt wurde das KF schon mehrmals in unwegsamem Gelände mit verschiedener Aufgabenstellung und kam im „Hessischen Ried" bei ausgedehnten Flächenbränden zum Einsatz.

Nicht nur die schwedische Armee orderte dieses Spezialfahrzeug, auch sind fünf Kettenfahrzeuge dieser Art an der deutschen Nordseeküste im Umweltschutzeinsatz tätig. Als Fahrzeug dieser Art bei einer Berufsfeuerwehr dürfte der Hägglund wiederum einmalig sein.

Galt ein Panzerfahrzeug bei einer Feuerwehr seinerzeit als Rarität, wurde nach der Wende bekannt, daß in der ehemaligen DDR bereits Panzer aus Militärbeständen, kombiniert mit MIG-Düsentriebwerken, als Feuerlöschpanzer Dienst machten. Heute ist es eine Selbstverständlichkeit, daß im Zuge der Konversion, gerade im ehemaligen Ostblock, militärische Kettenfahrzeuge für Feuerwehrzwecke, hauptsächlich zur Waldbrandbekämpfung und zur Ausschaltung von Ölquellenbränden (siehe Kuwait und die ungarische Methode), umgerüstet werden.

Wechselaufbauten des KF

Vier Aufbauten, ähnlich dem Wechselladersystem, stehen für das Kettenfahrzeug zur Verfügung und werden per Hakensystem auf den Hinterwagen aufgesattelt:

KETTENFAHRZEUG

118 *Die vier nylonverstärkten Gleisketten aus Gummi treiben das Fahrzeug an. Die Kollegen gaben dem Gerät sofort nach Lieferung den Namen Panzer!*

119 *Der Aufbau für 2 x 250 kg Metallbrandpulver von Gloria aus dem Jahre 1989*

120 *In unwegsamem Gelände kann die Pritsche als provisorisches Krankentransportfahrzeug genutzt werden.*

1. Hochmulde/Plane
2. Pritsche/Plane
3. Pritsche
4. Metallbrandpulver

Die Mulden- und Pritschenaufbauten stammen von der Firma Atlas/Weyhausen aus dem Jahre 1987. Somit ist die Firma Atlas auch Hersteller des Hakensystems. Die Mulden und Pritschen können mit den verschiedensten Gerätschaften je nach Bedarf beladen werden. Auf dem Pritschenaufbau lassen sich mehrere Krankentragen aus Beständen des Katastrophenschutzes zwecks Abtransport von Verletzten aus unwegsamem, für den Rettungsdienst nicht erreichbarem Gelände unterbringen.

1989 folgte ein Aufbau Metallbrandpulver (Brandklasse D) von der Firma Gloria. 2 x 250 kg Pulver stehen zur Verfügung.

Der Betreuungszug

"Wer einmal aus dem Blechnapf frißt", heißt ein Roman von Hans Fallada aus dem Jahre 1934. Diese einleitenden Worte sollen auf eine ehemalige Schwachstelle der Frankfurter Feuerwehr hinweisen. Normalerweise ereignen sich Großeinsätze nachts oder an Wochenenden, der durch einen Alarm aufgescheuchte Feuerwehrmann ist teilweise stundenlang gefordert. Durchnäßte Kleidung, Hunger und Durst sind selbstverständliche Begleiterscheinungen langandauernder Einsätze. Der Fürsorgepflicht des Dienstherrn obliegt auch die Betreuung der eingesetzten Mannschaften. Fast niemand mehr kann sich heutzutage Einsatzkräfte, sitzend auf Treppenstufen oder Bordsteinkanten, vorstellen, die sich dort ausruhten. Bis ca. 1970 besaßen die Feuerwachen Abmachungen mit Metzgereien und Bäckereien, ein Anruf genügte, um die Einsatzkräfte mit Verpflegung zu versorgen, auch nachts! Getränke wie zum Beispiel Tee wurden von den Wachen zubereitet

121 *Der Feldküchenanhänger FKA von Senking wurde 1941 geliefert und stammt aus Wehrmachtsbeständen.*

122 *Der FKA mit Besatzung*

DER BETREUUNGSZUG

123 *Der Küchenwagen Borgward B 555 A von 1957 stammt aus Beständen des Bundesluftschutzverbandes BLSV.*

124 *Der WLA Küche von Bachert aus dem Jahre 1978 versorgt Einsatzkräfte vor Ort und ist mit allen Möglichkeiten einer modernen Küche ausgestattet.*

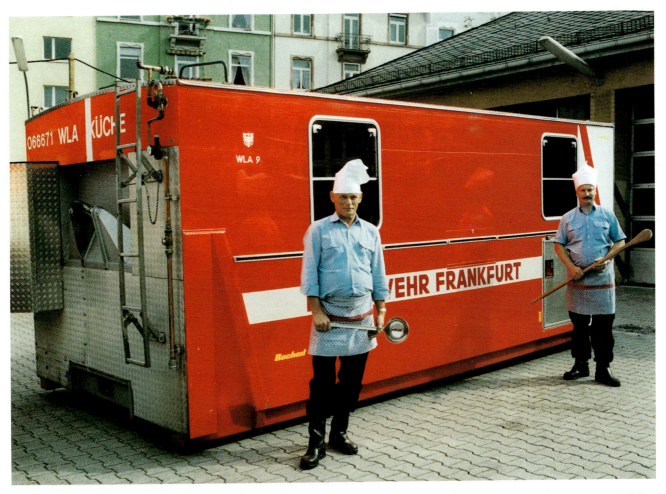

125 Die Besatzung des WLA Küche ist mit besonderen Lehrgängen im Umgang mit den WLA ausgebildet worden. Der Riesenlöffel rechts eignet sich wohl auch sehr gut, um vorlauten Essensteilnehmern auf die Finger zu klopfen.

und zur Einsatzstelle gebracht. Aus Kostengründen wurde dieses bewährte System eingestellt. Fortan gab es nur noch Kaltverpflegung aus dem Lager der Feuerwache 6. Es handelte sich um Büchsenwurst und Vollkornbrot in Büchsen, nachempfunden der Manöververpflegung der Bundeswehr. Kaltgetränke wie Cola oder Limonade wurden ebenfalls bereitgehalten. Die Teezubereitung wurde nach wie vor von den Feuerwachen des Einsatzbezirkes übernommen. Seinerzeit wurde das Verpflegungssystem dieser Art hochherrschaftlich regiert, bis der Personalrat ein Mitspracherecht bei der Entscheidung über Ausgabe von Einsatzverpflegung erhielt.

1978 wurde der Betreuungszug geschaffen, um Einsatzkräfte vor Ort zu betreuen und zu verpflegen. Der Zug besteht aus einem Wechsellader-Trägerfahrzeug WL und dem Wechselladeraufbau WLA Küche sowie dem Betreuungsanhänger Beta. Diese Einheit stellt ein versorgungstechnisches Multitalent dar. Es wird Kalt- oder Warmverpflegung ausgegeben, Einsatzkräfte können sich ausruhen oder aufwärmen. Waschen, Duschen oder Wechseln durchnäßter Kleidung ist möglich. Untersuchungen durch den betriebsärztlichen Dienst oder Betreuung und Unterbringung evakuierter Personen gehören ebenfalls zum Angebot. Der Einsatzleiter und/oder der Personalrat ordnen den Einsatz des Betreuungszuges an. Das heutige System begann mit einem Feldkochherd aus den vierziger Jahren und hat sich letztendlich bei dem zweiwöchigen Einsatz nach einem Störfall in der chemischen Industrie im Jahre 1993 (s. Band 1) bestens bewährt.

Feldküchenanhänger FKA

Der von der Firma Senking 1941 hergestellte Feldküchenanhänger stammt eindeutig aus Wehrmachtsbeständen. Dieser Anhänger war auf der Wache 6 stationiert, ob er jemals zum Einsatz kam, ist nicht bekannt.

Küchenwagen des Bundesluftschutzverbandes BLSV

Hier handelt es sich um einen Borgward B 555 A, Baujahr 1957 mit einem Kofferaufbau, ähnlich derzeitiger Bundeswehrfahrzeuge. Den Einsatzkräften kam dieses Fahrzeug nie zugute, jedoch machte der Küchenwagen auf eine besondere Art „Furore". Eine Abordnung aus Frankfurt fuhr zur Trauerfeier für 11 im Einsatz getötete Kollegen nach Hannover (Hannover-Langenhagen, 1969). Während der Fahrt wurde der Herd angeheizt, um vor Ort die aus ganz Deutschland angereisten Kollegen zu verpflegen. Das auf der Autobahn fahrende Fahrzeug mit rauchendem Schlot des Kochherdes ließ wohl bei manch älterem Autofahrer Erinnerungen an Holzvergaser wiederaufleben.

Wechselladeraufbau WLA Küche

Der WLA Küche von Bachert aus dem Jahre 1978 sorgt für die Verpflegung der Einsatzkräfte vor Ort. Kalte und warme Speisen sowie Getränke können gereicht werden. Herde, Warmhaltebehälter und Kühlschränke sind selbstverständlich. Ebenfalls gehören ein Trinkwasserbehälter und Flüssiggasflaschen zwecks Beheizung der Herde zur Ausrüstung.

Betreuungsanhänger Beta

Der Betreuungsanhänger der Firma Karosseriebau Gaull, Frankfurt, dient der sozialen Betreuung von Einsatzkräften und geschädigten Personen bei Großeinsätzen. Für Einsatzkräfte steht Ersatzbekleidung zum Wechseln sowie Wolldecken für geschädigte Personen bereit. Fest eingebaut sind Toilette und Dusche. Tische und Bänke gestatten Ausruhen und Einnahme von Mahlzeiten. Bestens bewährt hat sich der Anhänger bei Urinproben ganzer Bevölkerungsgruppen nach einem Austritt von Nitro-Anisol im Jahre 1993. WLA Küche und Betreuungsanhänger bilden eine Zugeinheit.

126 *Der Betreuungszug mit WLA Küche und dem Betreuungsanhänger BETA von Gaull (1981) zur sozialen Betreuung der Einsatzkräfte. Der Anhänger verfügt über Dusche, Toilette, Heizung, Tische und Bänke.*

Sonstige Einsatzfahrzeuge

In diesem Kapitel sollen Fahrzeuge vorgestellt werden, die sich in keine größere Kategorie einordnen lassen. Wohl jede Feuerwehr besitzt Fahrzeuge dieser Art, die auf spezielle örtliche Bedürfnisse zugeschnitten sind, so auch Frankfurt. Hier handelt es sich um ein Flutlichtfahrzeug (in Ffm FLM), verschiedene Kleinlöschfahrzeuge für unterirdische Anlagen und die Messe sowie Kombi-Pkw mit Laderaum für Sondergeräte wie Industriestaubsauger oder Imkerausrüstung.

Flutlichtfahrzeug FLF

Das Fahrzeug Tempo Matador EDF 25 der Rheinstahl-Hanomag AG (F 2, 1968) diente als Träger der Flutlichtanlage der Firma Polyma, Kassel. Auf einer hydraulisch auf 9 m ausfahrbaren Plattform mit Geländer (im Einsatzfall ausklappbar) und einer Belastbarkeit von 300 kg waren 6 Stück 1500-Watt-Scheinwerfer ebenfalls ausklappbar angebracht. Die Energie stammte von einem 20 kVA-Aggregat, angetrieben von einem VW-Industriemotor, wie er auch bei Tragkraftspritzen Verwendung findet. Der Vorteil der Anlage bestand darin, Einsatzstellen großflächig von oben auszuleuchten. Nachteilig dürfte gewesen sein, daß der Scheinwerferbedienungsmann mit der Plattform nach oben fahren mußte und als Einsatzkraft stundenlang gebunden war, da es keine Abstiegsmöglichkeiten gab. Diese Art Sonderfahrzeug lief in ähnlicher Ausführung bei der BF Kassel und der FF Fulda. Eine Anlage dieser Art ist wohl wirtschaftlicher auf einem Anhänger, und die zwei FLM von Frankfurt wurden nach langer Standzeit ausgemustert.

127 *Das Flutlichtfahrzeug FLM auf Tempo Matador EDF 25 der Rheinstahl Hanomag mit der Lichttechnik von Polyma war 1968 notwendig, da fast kein Fahrzeug auf den Löschzügen und in den anderen Einheiten einen Lichtmast hatte. Teilweise wurden die Fahrzeuge durch Landesbeschaffungsaktionen von verschiedenen Bundesländern beschafft. Das Land Hessen hat den großen Wehren diesen Typ zur Verfügung gestellt.*

Kleinlöschfahrzeuge und Gerätewagen

Tragkraftspritzenfahrzeug TSF/T (Trupp)

Ein vorhandenes TSF/T auf VW 2/21 aus dem Jahre 1958 mit geschlossenem Kasten diente als erstes Kleinlöschfahrzeug auf der Feuerwache 7. Es diente zur Bekämpfung von Bränden in der ausgedehnten Tiefgarage, dem Busbahnhof und der U-Bahnstation unter dem Nordwestzentrum, in das die Feuerwache 7 integriert ist. Das auf dem Dach befindliche Blaulicht wurde entfernt und herabgesetzt an der Traverse der geteilten Frontscheibe befestigt. Die nicht benötigte Tragkraftspritze wurde durch Preßluftatmer und Gerät für kleinere Hilfeleistungen ersetzt.

Umgebauter Funkkommandowagen FUKOW DKW Munga

Der aus Beständen des Zivilschutzes stammende Jeep wurde zu einem Spezialfahrzeug umgerüstet. An Stelle des Rücksitzes wurden eine C-Schlauchhaspel und mehrere Feuerlöscher verschiedenster Klassen geladen. Selbstverständlich wurde das Fahrzeug in der Frankfurter Rot-Weiß-Lackierung umgespritzt.

Beide geschilderten Fahrzeuge bildeten eine taktische Einheit und waren direkt in der Tiefgarage des Nordwestzentrums stationiert. Die Frankfurter „Schlappmäuler" tauften diese Einheit sogleich „Kellerasseln".

VW-Bus Typ 2

Nachdem das TSF/T altersschwach geworden war und die gesamte Munga-Serie aus dem Verkehr gezogen wurde, rüstete man einen VW-Bus mit Löschgeräten und Zubehör für vorgeschilderte Zwecke aus. Im Gegensatz zu seinen Vorgängern war das einem Tragkraftspritzenfahrzeug nachempfundene Sonderfahrzeug jetzt in der Fahrzeughalle der Feuerwache 7 stationiert. Auch dieses Fahrzeug wurde altersbedingt ersetzt.

Kleinlöschfahrzeuge KLF 7 und Gerätewagen GW 7

Ein vorher als Gerätewagen (GW 4) laufender Opel Kadett von 1990 wurde 1994 als Kleinlöschfahrzeug KLF 7 in die Einsatzdatei übernommen. Zu den Gerätschaften zählen Kleinlöschgeräte aller Art, zwei Schlauchtragekörbe, Armaturen, Preßluftatmer, ein I-Sauger sowie Kleinteile.

Sämtliche Gerätschaften sind nach taktischen Zuordnungen in Schubkästen herausziehbar im Fahrzeugheck gelagert. Das Fahrzeug, nach Bedarf mit 1/1 besetzt,

128 *Ein gebrauchtes Tragkraftspritzenfahrzeug TSF/T auf VW 2/21 von 1958 wurde 1968 zum Kleinlöschfahrzeug für die unterirdischen Anlagen des Nordwestzentrums umfunktioniert.*

129 *Ein umgebauter DKW-Munga des Zivilschutzes wurde ebenfalls für die Tiefgaragen umgerüstet und war mit dem TSF auch dort stationiert. Die beiden Fahrzeuge wurden „Kellerasseln" genannt.*

130 *Ein VW-Bus Typ 2 diente als Nachfolger der „Kellerasseln".*

KLEINLÖSCHFAHRZEUGE UND GERÄTEWAGEN

131 *Bei dem GW 7 auf der FW 3 (Opel Kadett von 1987) handelt es sich um ein Erstangriffsfahrzeug auf dem Gelände der Frankfurter Messe.*

132 *Ein Opel Kadett von 1990 (ehemals GW 4) wurde 1994 als Nachfolger der gerade beschriebenen Fahrzeuge umgerüstet und läuft jetzt als Kleinlöschfahrzeug KLF 7 auf der FW 7.*

133 *Sehr gut ist die Unterbringung der umfangreichen Ausrüstung in herausziehbaren Kästen gelöst.*

KLEINLÖSCHFAHRZEUGE UND GERÄTEWAGEN

134 *Das Kleinlöschfahrzeug KLF 3 auf VW LT 35 von 1978 nannte sich früher Gerätewagen GW 12 und ist für Einsätze im Bereich der Anlagen des Hauptbahnhofs gedacht.*

übernimmt somit alle Aufgaben der geschilderten Vorgänger auf der Feuerwache 7.

Nach dem gleichen Prinzip ist der Gerätewagen GW 7 Opel Kadett von 1987 aufgebaut. Dieses Kleinlöschfahrzeug ist als Erstangriffsfahrzeug auf dem Gelände der Frankfurter Messe vorgesehen und wird von der Wache 3 (Heinrichstraße) besetzt.

Kleinlöschfahrzeug KLF, jetzt Kleinlöschfahrzeug KLF 3

Der Kastenwagen VW LT 35 übernahm 1979 die Aufgabenstellung eines Tanklöschfahrzeuges TLF 8 aus Beständen des Zivilschutzes ZS. Es handelte sich darum, ober- und unterirdische Gleisanlagen und Tiefge-

135 *Das Fahrzeug ist (neben der klassischen Ausrüstung eines TSF ohne TS 8/8) mit Langzeit-Atemschutzgeräten BG 174 ausgestattet. Ebenfalls gehören spezielle Geräte zur Ausrüstung, die gezielt auf Bundesbahnverhältnisse abgestimmt sind.*

KLEINLÖSCHFAHRZEUGE UND GERÄTEWAGEN

schoßparkhäuser des Frankfurter Hauptbahnhofes feuerwehrtaktisch zu erreichen. Um das zunächst Gerätewagen GW 12 genannte Fahrzeug einsatzmäßig auszulasten, wurde im Heck der erste Sprungretter mitgeführt. Nach der Beschaffung eines zweiten Sprungretters wurden diese Geräte in die eigens darauf abgestimmten Einsatzleitwagen ELW Ost und West verlastet. Der freigewordene Heckraum im GW 12 ließ jetzt den Einbau eines fahrbaren 50-kg-Feuerlöschers zu. Auch werden für Einsätze im S-Bahn-Bereich Langzeit-Atemschutzgeräte BG 174 mitgeführt. Sonstige feuerwehrtechnische Beladung ähnlich dem klassischen Tragkraftspritzenfahrzeug sowie Spezialgerätschaften für Einsätze an Bundesbahnwaggons bilden die Beladung des bis heute im Einsatz

136 *Nachdem der hier mitgeführte Sprungretter auf einen Einsatzleitwagen ELW verlagert wurde, fand ein fahrbarer 50-kg-Feuerlöscher Platz im Heckraum. Im klassischen TSF ist hier die Tragkraftspritze untergebracht.*
137 *Gerätewagen GW VW Polo 86 C (1981), VW Polo 2 (1983), Opel Kadett Caravan 1,6i (1987-1991) und Opel Astra Caravan 1,6i (1993).*
138 *Der Opel Kadett Caravan 1,6i (1987-1991) als Gerätewagen GW. Fahrzeuge dieser Art stehen auf verschiedenen Wachen als Ergänzung der großen Einsatzfahrzeuge bereit. Hier das Fahrzeug des Personalrats an Feuerwache 1.*

KLEINLÖSCHFAHRZEUGE UND GERÄTEWAGEN

befindlichen Kleinlöschfahrzeuges KLF 3. Das KLF 3 ergänzt taktisch den Löschzug 3 (Heinrichstraße) bei Einsätzen im Hauptbahnhofsbereich.

Gerätewagen GW

Kleinfahrzeuge wie VW-Busse oder Pkw-Kombi wie der VW Polo und seine Nachfolger Opel Kadett und Opel Astra wurden in Frankfurt seit jeher Gerätewagen GW genannt. Die Aufgabe dieser Fahrzeuge ist der Transport von Gerätschaften, die für Sonderaufgaben benötigt werden. Diese Fahrzeuge stehen auf den Feuerwachen, sind aber auch in die Abteilungen der technischen Dienste integriert. Die Geräte für Sonderaufgaben wie z.B. Einfangen von Bienenschwärmen oder das Wasserabsaugen in überschwemmten Wohnungen wurden bis Anfang der achtziger Jahre bei Bedarf in den Mannschaftsraum des HLF verladen und zur Einsatzstelle gebracht. Das bedingte eine Behinderung der Mannschaft und eine erhebliche Unfallgefahr, da diese meist sperrigen Geräte ungesichert mitgeführt wurden. Bei den neuen GW handelte es sich um VW Polo 86 C 1981, VW Polo 2 von 1983, Opel Kadett Caravan 1,6i 1987-91 und Opel Astra Caravan 1,6i von 1993.

Alle Fahrzeuge haben hinter der Rücksitzbank ein Schutznetz, um die Besatzung im Falle eines Unfalls vor herumfliegenden Teilen zu schützen. Bei den Geräten, die im Einsatzfall verlastet werden, handelt es sich um Kleincontainer Insekten, Beleuchtung, Sturm und Industriesauger der verschiedensten Bauart. Bei Alarm wird der GW von einem Trupp des HLF besetzt, und beide Fahrzeuge rücken im Verband aus.

139 *Die komplette hier gezeigte Imkerausrüstung wird bei Bedarf in den GW verladen.*

140 *Industriesauger der verschiedensten Art mit Zubehör werden ebenfalls von dem GW transportiert.*

Anhängerfahrzeuge

Anhänger für Feuerwehrzwecke sind so alt wie die Feuerwehr selbst. Ursprünglich von Hand gezogen, gab es auch größere Modelle für Pferdezug. Hieraus resultieren die heute gängigen Modelle in Ein- oder Zweiachsausführung. Selbstverständlich unterliegen die Anhänger heutzutage der Straßenverkehrszulassungsordnung. Ungebremste einachsige Anhänger hinter Lkw dürfen deren Leergewicht, höchstens jedoch drei Tonnen wiegen. Einachser gibt es auch mit Bremssystem. Der Normentwurf DIN 14 503 aus dem Jahre 1971 definiert Feuerwehranhänger folgendermaßen: „Feuerwehranhänger sind für den Einsatz der Feuerwehr besonders gestaltete Anhänger ... zur Aufnahme der feuerwehrtechnischen Beladung sowie der Lösch- und sonstigen Einsatzmittel".

Zweifelsfrei ist hier der Tragkraftspritzenanhänger TSA gemeint, der einzige Feuerwehranhänger in der Norm. Die TSA sind die meistverbreiteten Feuerwehranhänger Deutschlands. In vielen Dörfern standen oder stehen TSA, die bei Alarm von einem Traktor zur Einsatzstelle gezogen werden. Ein für kleine Gemeinden kostengünstiges Verfahren. Ansonsten bevölkert eine buntgemischte Familie von Anhängern, jeweils für spezielle Zwecke gebaut, Deutschlands Straßen. So auch in Frankfurt.

Die zweite Anhängerkategorie bilden die zweiachsigen gebremsten Anhänger für Lkw mit durchgehender Bremsanlage. Das Ganze bildet einen Zug, die Bremsanlage des Hängers wird mit dem Zugfahrzeug verbunden. Das Anhängergewicht darf in diesem Falle das 1,4-fache des zulässigen Gesamtgewichtes der anhängertauglichen Feuerwehrfahrzeuge überschreiten. Bei einem Durchschnittsgewicht der anhängertauglichen Feuerwehrfahrzeuge von 11 t ergeben sich Anhänger der 16-t-Klasse.

Frankfurt besitzt eine ganze Flotte von Großanhängern, jedoch dürfte die Werksfeuerwehr der Bayer AG Werk Dormagen den Vogel abgeschossen haben. Der Vierachsanhänger für Gefahrguteinsätze bringt stolze 48 Tonnen auf die Waage. Es werden in diesem Kapitel nur Anhänger gezeigt, die nicht schon anderswo entsprechend ihrer taktischen Zuordnung vorgestellt wurden.

141 *1930 kam dieser Kohlensäure-Schnee-Anhänger zum Einsatz.*

142 *Total-Wasserwerfer von 1961*

143 *1963 baute die Feuerwache 6 in Eigenregie diesen Werfer. Bemerkenswert sind die montierte Tragkraftspritze und die Steuerstange.*

Die Einachsanhänger

Ähnlich wie beim Wechselladeraufbauprogramm läßt sich auch die Palette der Einachsanhänger der Frankfurter Feuerwehr aufgliedern. Es handelt sich um:
- Brandbekämpfung
  Tragkraftspritzenanhänger TSA, Schlauchanhänger (Freiw. FW), Wasserwerfer WW und Schaumwasserwerferanhänger SWA (BF);
- Beleuchtung
  Lichtmast LM, Flutlichtmastanhänger FLM (BF);
- Fernmeldewesen
  Fernmeldebauwagenanhänger FBWA, Langholz-Nachläufer, Kompressoranhänger KA, Kabelanhänger KABA (alle BF, Abt. 37.34);
- Sonstige, Feldküchenanhänger FKA (BF und Katastrophenschutz KatS), Abschleppanhänger ABA (Abt. 37.31 Zentrale Kfz-Werkstätten), Auftauanhänger AA, Dampfstrahlreiniger DRS, BF, Ölschadensgerät ÖSG (BF, Ölalarmzug).

Die meisten der hier genannten Anhänger sind nicht mehr im Dienst und sind nur der Vollständigkeit halber aufgeführt. Eine Besonderheit bei den Kleinanhängern bildet der Kohlensäureanhänger, da er zweiachsig ausgeführt ist.

Anhänger zur Brandbekämpfung

Der erste Wasserwerfer aus dem Jahre 1961 stammt von der Firma Total. Ein B-Rohr-ähnlicher Werfer war auf einer Einachsplattform montiert. Weiteres ist nicht bekannt. Die Feuerwache 6 baute in Eigenregie 1963 einen Wasserwerfer. Auf einer Anhängerplattform wurde eine Tragkraftspritze montiert. Per mitgeführter Saugschläuche war es möglich, eine eigene Wasserversorgung aufzubauen. Der Werfermonitor war auf einem ausfahrbaren Mast (vermutlich durch Druckluft betrieben) an der Spitze angebracht und ließ sich durch eine Art Seilzug steuern.

1965 gab es beim Brand in einem Nitrofilmlager eine Explosion mit drei Toten und mehreren Schwerverletzten (s. Band 1). Ein klassischer Innenangriff konnte wegen weiterhin bestehender Explosionsgefahr nicht durchgeführt werden. Die Leistung der vorhandenen Wasserwerfer reichte nicht aus, und es mußte Wasser von Drehleitern aus gegeben werden. Dieser Einsatz bewog den damaligen Oberbrandrat Dipl.-Ing. Achilles, einen leistungsstarken Wasserwerfer zu konzipieren. 1968 wurden acht Minimax LW 16 auf den Feuerwachen stationiert. Auf den Schaum-Wasserwerfern SWA sind zwei Doppelmonitore Schaum-Wasser, nebeneinanderliegend, montiert. Sie können gemeinsam, einzeln oder extern eingesetzt werden, da die Werfer mit wenigen Handgriffen abmontierbar sind. Das Schaumrohr besitzt Selbstansaugung und Verschäumung mit einer Dosiereinrichtung für 0-6 % Verschäumung, 12fach bei dreiprozentiger Schaummittelzumischung. Jedes Werferpaar besitzt verstellbare Leitbleche zur Fächerung des Löschstrahls in einen Breitstrahl. Ebenfalls kann dem Wasser Ölbinder beigemischt werden, acht Schaummittelkanister werden mitgeführt. Per Handrad und Spindel kann jede gewünschte Werferstellung erreicht werden.

144 *Schaum-Wasserwerfer SWA von Minimax (1968). Jedes Werferpaar hat eine Wasserleistung von 2000 Liter/min. und das Gerät wurde „Achilles-Flak" genannt.*

DIE EINACHSANHÄNGER

Wurfweiten

Wasser	2000 l/min	8 bar	65 m
	1000 l/min	8 bar	42 m
Schaum	2000 l/min	8 bar	42 m
	1000 l/min	8 bar	34 m

Pro Werferpaar stehen 3 B-Zugänge zur Verfügung.

Seit Einführung der Rosenbauer-Löschfahrzeuge verfügt jedes Fahrzeug über einen Dachmonitor, und die Zahl der SWA wurde auf drei (FW 2, 5 und 7) reduziert. Eventuell soll ein Wechselladeraufbau Werfer geschaffen werden. Die Mannschaft taufte dieses Gerät sogleich „Achilles-Flak".

Beleuchtungsanhänger, Flutlichtmastanhänger FLMA

Bereits 1957 beschaffte Branddirektor Stoll zwei Lichtmaste LM. Ein luftgekühlter Zweitakter trieb eine Lichtmaschine und einen Luftkompressor an, der einen Mast auf acht Meter Höhe ausschob. An der Mastspitze befand sich eine drehbare halbkugelförmige Leuchte, die 5000 m² blendfrei ausleuchtete. Diese Anhäger waren seinerzeit für Feuerwehren in Deutschland einmalig.

1965 und 1966 folgte die zweite Generation FLMA der Firma Polyma, Kassel. Der Geräteaufbau war gestaltet wie der Flutlichtmast auf Fahrgestell. 6 Scheinwerfer je 1500 Watt befanden sich auf einer hydraulisch ausfahrbaren Plattform (9 m) mit 300 kg Tragfähigkeit. 1987 ersetzten zwei Lichtmasten die Vorgänger in dritter Gene-

145 *Der Polyma-Flutlichtmastenanhänger FLMA von 1965 und 1966 entspricht in den technischen Daten dem Flutlichtfahrzeug FLM.*

146 *Zwei FLMA bilden seit 1987 die dritte Generation Anhänger dieser Art. Es handelt sich um Polyma PLG 20/9 ohne Arbeitsplattform.*

DIE EINACHSANHÄNGER

147 *In Verbindung mit dem Coles-Kran (siehe Band 1, Seite 132) wurde ab 1963 der Greifer zur Brandschuttbeseitigung eingesetzt.*

ration, ebenfalls wieder Polyma, PLG 20/9, jedoch ohne die nicht benötigte Plattform. Die Anhänger stehen auf den Wachen 5 und 6. Es müssen schon sehr großflächige Ausleuchtungen nötig sein, da heutzutage jedes moderne Einsatzfahrzeug über einen Lichtmast verfügt.

Anhänger zur Brandschuttbeseitigung

Für den Coles-Kranwagen der Feuerwache 6 stand ein Greifer, wie man ihn von Baggern alten Stils kennt, zur Verfügung. Verlastet war der Greifer auf einer Einachs-Rahmen-Plattform. Der Nachfolger ist der Schuttmuldenanhänger von 1977. Eine Mulde, ähnlich einem offenen Großmüllbehälter, kann dank der großen Ausladung der neuen Krangenerationen nach Dachstuhlbränden direkt auf das betroffene Dach gehoben und befüllt werden. Das erspart den mühsamen Umgang mit Mulden. Die Anhängerkonstruktion stammt von der Frankfurter Firma Hofsess KG und ist als offener einachsiger Rahmen gestaltet.

Ein weiteres Gerät zur Brandschuttbeseitigung ist der Förderbandanhänger von Brankatsch aus dem Jahre 1980. Das handelsübliche Gerät, wie man es auf Baustellen findet, ist auf den Wachen 6 und 7 stationiert.

Auf einem Fahrgestell Typ 111-45 war ein Kärcher Dampfstrahlreiniger montiert, das Baujahr war 1960. Ursprünglich war der Anhänger zum Auftauen eingefrorener Hydranten bei der Hydrantenrevision gedacht, konnte jedoch auch zum Auftauen bretthart gefrorener Schläuche oder eingefrorener Leiterparks verwendet werden.

Zwei Geräte dieser Art gab es in Frankfurt, wie lange sie im Dienst waren, ist nicht mehr festzustellen. Heutzutage besitzt jede Feuerwache einen Dampfstrahlreiniger für spezielle Reinigungsarbeiten beim Wartungsbetrieb der Fahrzeuge und Geräte.

148 *1977 folgte der Schuttmuldenanhänger, der von den modernen Teleskopkränen auch auf Dachstühlen abgesetzt werden kann.*

149 *Seit 1980 gibt es zwei handelsübliche Brankatsch-Förderbänder zur Schuttbeseitigung.*

Anhänger der 16-Tonnen-Klasse

150 *Die Großanhänger von rechts nach links: Generatoranhänger, Einsatzleitstellenanhänger ELSA, Einsatznachrichtenanhänger EINA, Ambulanzanhänger AMBA, Betreuungsanhänger BETA. Die Anhänger mit der Nummer 1-4 sind baugleich.*

1981 und 1982 beschaffte Prof. Dipl.-Ing. Achilles fünf Zweiachsanhänger mit Kastenaufbau. Bei vier Anhängern handelte es sich um baugleiche Modelle der Fa. Gaull Karosseriebau, Frankfurt. Auf einem Niederbord-Rahmenfahrgestell sind die Aufbaukästen montiert. Äußerlich sind sich alle Anhänger gleich, auch die Baumaße sind identisch.

Länge:	9150 mm
Breite:	2500 mm
Höhe:	3850 mm
Leergewicht:	7500 kg
zul. Gesamtgewicht:	12 000 kg

Alle Anhänger sind mit Standheizung, Wasserversorgung, Waschraum und Toilette ausgestattet. Der Betreuungsanhänger verfügt zusätzlich über eine Dusche. Es handelt sich um folgende Einheiten:

ELSA	Einsatzleitstellenanhänger	FW 1
EINA	Einsatznachrichtenanhänger	FW 1
AMBA	Ambulanzanhänger	FW 6
BETA	Betreuungsanhänger	FW 6

151 *1981 wurden vier Anhänger der 16 Tonnen-Klasse beschafft. In dieser Ausführung sind die Geräte bei Feuerwehren einmalig.*

Diese Lösung ist wie immer sehr unkonventionell und einmalig. Ein gewisser Nachteil liegt darin, daß beim Aufstellen aller Anhänger dieser Einheit bei Großeinsätzen großer Platzbedarf besteht. Der fünfte Großanhänger ist der Generatorenanhänger von Polyma mit einer Leistung von 156 kVA zur Stromversorgung der vorgenannten Einheiten (s. Band 1).

Als Nachfolger des Tiefladergespanns des Ölalarmzuges steht seit 1987 ein Tiefladeanhänger von Langendorf, TVE 80/11-2, zur Verfügung. Zur Ausrüstung gehören ABS und Auflaufbohlen. Hauptsächlich dient der Anhänger zum Transport des Kettenfahrzeuges KF, da der Abrieb der Gummi-Gleisketten bei Straßenfahrt erheblich ist. Ferner können verunfallte oder liegengebliebene Großfahrzeuge transportiert werden.

Die Fahrschule verfügt über zwei weitere Großanhänger, einer als Pritsche offen, der zweite als Pritsche/Plane.

ANHÄNGER DER 16-TONNEN-KLASSSE

152 *Tiefladeanhänger Langendorf TVE 80/11-2 (1987). Der Anhänger benötigt keine spezielle Zugmaschine mehr.*

153 *Der Generatorenanhänger von Polyma versorgt mit 156 kVA den Wechselladeraufbau WLA Rauch von 1982 und ist ein kleines Kraftwerk.*

Die Wasserfahrzeuge der Berufsfeuerwehr Frankfurt

Im Oktober 1960 kollidierte die Seefähre „Tina Scarlett" auf dem Rhein bei Emmerich mit einem Tankschiff, das Leichtbenzin geladen hatte. Der Tanker geriet sofort in Brand. Insgesamt brannten 11 Schiffe, 2 Menschen kamen ums Leben, 20 wurden zum Teil schwer verletzt, 20 Millionen DM betrug der Schaden. Dieser Unfall war der größte in der Binnenschiffahrtsgeschichte. In Nordrhein-Westfalen wurden daraufhin leistungsfähige Feuerlöschboote für die Städte Duisburg, Düsseldorf und Köln für den Brandschutz auf der Wasserstraße Rhein beschafft. Verlegt man die Situation nach Frankfurt, so sah es folgendermaßen aus: Längs eines Beckens im Oberhafen befinden sich große Tanklager, die ständig von Tankschiffen beschickt werden. Westlich von Frankfurt in Raunheim war der Standort der Caltex-Raffinerie mit Betriebshafen, und man kann sich das Gefahrenpotential wohl gut vorstellen. Hinzu kommt der rege Schiffsverkehr auf dem Main mit Möglichkeiten von Kollisionen und anderen Schadensfällen. Da die BF bei einem Tankschiffsbrand nur von der Landseite angreifen konnte, sagte Oberbranddirektor Dipl.-Ing. Achilles: „Da können wir nur noch beten" (Abendpost/Nachtausgabe 28.4.67). Da aber Beten allein wenig nützt, verfocht Achilles bei Landesregierung und Stadt ganz energisch den Plan, ein den Situationen gewachsenes Feuerlöschboot anzuschaffen. Im Jahre 1970 war es dann endlich soweit, das neue Großfeuerlöschboot „Frankfurt" wurde der Öffentlichkeit vorgestellt.

Das Feuerlöschboot FLB

Das Schiff kostete seinerzeit 1,3 Millionen DM und wurde vom Land Hessen bezuschußt. Folgekosten und Personal (1/3) werden von der Stadt Frankfurt übernommen. Das Schiff deckt 77 Stromkilometer des Mains und 107 km der Bundeswasserstraße Rhein ab, alles hessische Gebiete, deswegen der Landeszuschuß. Das Boot war seinerzeit das größte FLB in Deutschland, und Basel beschaffte ein baugleiches Schwesterschiff. Konzipiert und gebaut in enger Zusammenarbeit mit der BF Frankfurt wurde das Boot von der Rheinwerft in Mainz-Mombach. Das Schiff ist für 14 verschiedene Aufgaben gerüstet:
– Brandbekämpfung auf und an Wasserstraßen mit Wasser, Schaum oder Pulver;

154 *Das Feuerlöschboot, das größte seiner Art in Europa, leistet seit 1970 Dienst in Frankfurt. Eindrucksvoll die Wasserfontäne vor der Frankfurter Skyline mit dem gotischen Dom und den modernen Hochhäusern.*

DIE WASSERFAHRZEUGE

- Brandschutz für besonders gefährdete Objekte in Ufernähe;
- Rettung ertrinkender und in Not geratener Personen und Tiere;
- Behandlung von Kranken und Verletzten in einem Notarztraum;
- Bergen von gesunkenen Fahrzeugen;
- Tauchereinsatz direkt vom Boot aus;
- Abschleppen havarierter Fahrzeuge;
- Eisbrechen;
- Bereisung und Streckenüberwachung;
- Einsatz bei Austritt wassergefährdender Stoffe;
- Ausleuchten von Einsatzstellen;
- Wasserlieferung an Feuerwehreinheiten an Land;
- Einsatzleitung;
- Lenzen leckgeschlagener Schiffe.

In dieser Ausführung stellte das Feuerlöschboot seinerzeit das leistungsfähigste Gerät seiner Art in Europa dar und zählte zu den größten Feuerlöschbooten der Welt.

1988/89 wurde das Schiff auf der Werft Gustavsburg generalüberholt und modernisiert. Eine automatische Ruderanlage wurde eingebaut, das Steuerhauspult mitsamt Radar wurde erneuert, der Maschinenraum erhielt eine Überdruckanlage, nicht ex-geschützte Anlagen können jetzt zentral abgeschaltet werden. Eine ex-geschützte Bugankerwinde wurde eingebaut, und ein Bugstrahlruder ergänzt die Ausrüstung. Feuerwehrtechnisch wurde von Leicht- auf Mittelschaum umgerüstet, die Monitorbedienungsanlage wurde modernisiert, und eine Skimmeranlage zur Ölaufnahme wurde installiert. Gleichzeitig wurde die medizinische Ausrüstung dem Stand der RTW/NAW auf dem Land angeglichen, um den problemlosen Übergang vom landgebundenen Rettungssystem auf das Wasserfahrzeug zu gewährleisten. Der nach dem neuesten Stand erfolgte Umbau kostete 1,5 Millionen DM, bezuschußt vom Land mit 450 000 DM. Das FLB bewältigt neben Brandschutzaufgaben immer mehr Hilfeleistungen im Umweltbereich wie Ölaufnahme oder z.B. Eisbrechen. Nur einige spektakuläre Einsätze seien herausgegriffen:

- Tankschiffsbrände in den Häfen Offenbach und Caltex/Raunheim;
- Fabrikationshallenbrand Firma Linde Mainz-Kostheim;
- Wasserförderung über lange Wegstrecken bei Bränden eines großen Möbelhauses und der Frankfurter Oper;
- 30 Eisbrechereinsätze 1987;
- gefährliche Umpumparbeiten nach Havarien, Suche nach einem abgestürzten Hubschrauber im Rhein, schwere Schiffshavarie, Hilfe bei einer Ammoniakausströmung auf einem Gastanker.

Alle Einsätze fanden auf Rhein und Main statt. Das speziell geschulte Personal verfügt über Rhein- und

155 *Im Vordergrund der Pulverwerfer, im Hintergrund der Wassermonitor und der Schaummonitor (beide mit 3000 Liter/min.). Letzterer leistet bei 15facher Verschäumung rund 45 000 Liter in der Minute.*

156 *Wassereinsatz mit Sprühstrahl*

DIE WASSERFAHRZEUGE

157 *Fünf der 16 Mittelschaumrohre, die insgesamt 52 000 m³ Schaum bei einer Wurfweite von 10 m erzeugen können.*

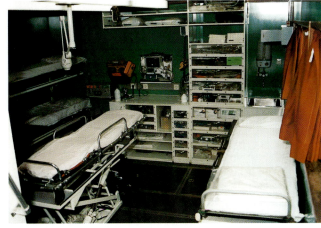

158 *Der Ambulanzraum ist wie ein RTW eingerichtet, verfügt jedoch über sechs Tragen, da eventuell mehrere Personen an Land gebracht werden müssen.*

159 *Einsatz von Mittelschaum*

160 *Das Heck mit Beiboot 20 PS und Atlas Ladekran 5003 A 27, Hubkraft 4 Tonnen.*

Mainschifferpatent sowie spezielle Feuerlöschbootpatente für den Rhein. Für den Schiffsführer kommen Ruderpatent und Sprechfunkzeugnis Ultrakurzwellen hinzu. Vertäut liegt das Boot am Kai des Molenkopfes am Eingang des Osthafens. Eine Unterkunft für die rund um die Uhr präsente Mannschaft wurde geschaffen und firmiert als Außenstelle der Feuerwache 1. Kämpfte Oberbranddirektor Achilles jahrelang für das Feuerlöschboot, konnte bei Recherchen anderer Art folgendes entdeckt werden: In Magistratsakten von 1940 befinden sich Unterlagen über die Forderungen des Branddirektors Dr.-Ing. Langbeck, ein Feuerlöschboot anzuschaffen. Die finanziellen Mittel waren bereits genehmigt, mußten aber 1941 zugunsten des Kaufes von Löschfahrzeugen aller Art zurückgezogen werden. Man einigte sich für die Beschaffung auf einen Termin nach dem Kriegsende. Genau dreißig Jahre nach der ersten Idee konnte das Projekt letztendlich verwirklicht werden. Seinerzeit wurden Privatboote requiriert, um sie provisorisch für Zwecke der Feuerlöschpolizei umzurüsten.

DIE WASSERFAHRZEUGE

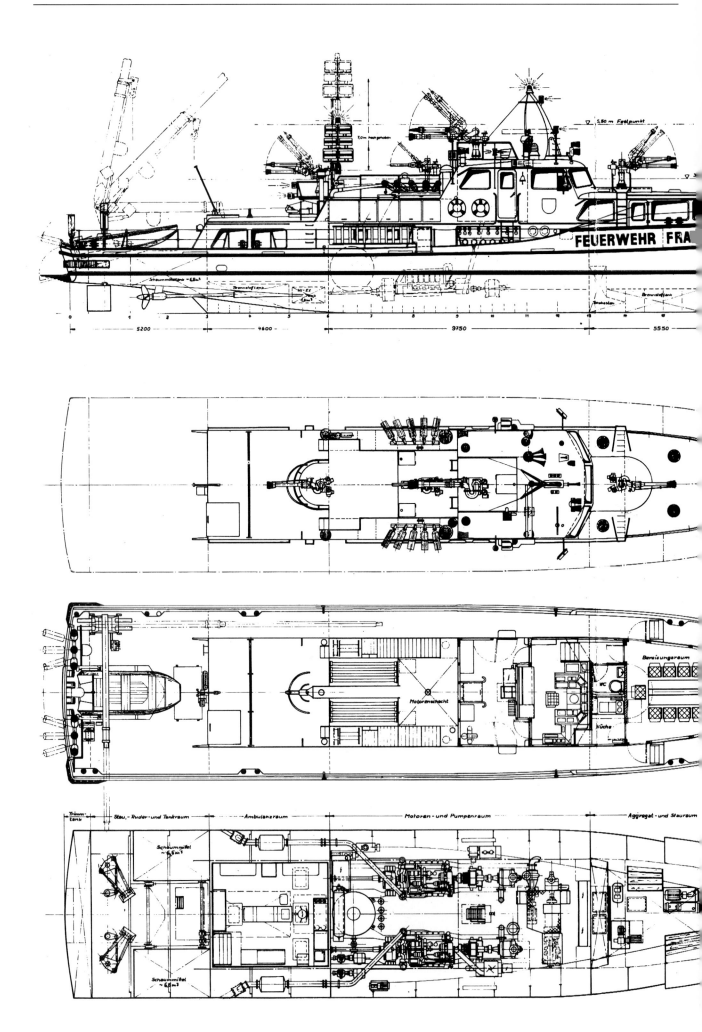

86

Kurzinformation über das Feuerlöschboot der Stadt Frankfurt am Main

Schiffsname:	Feuerlöschboot „Frankfurt"
Schiffseigner:	Stadt Frankfurt am Main, Branddirektion
Heimathafen:	Frankfurt am Main, Osthafen
Indienststellung:	1. September 1970
Bauwerft:	Rheinwerft, Mainz-Mombach
Modernisiert:	Oktober 1988 bis März 1989
Bauwerft:	Werft-Gustavsburg
Länge über alles:	29,15 m
Breite über alles:	6,4 m
Tiefgang:	1,55 – 1,60 m
Höchster Festpunkt:	5,50 m
Wasserverdrängung:	150 Tonnen
Motorenleistung:	2 x 650 PS – 2 x 478 kW
Geschwindigkeit:	20 – 24 km/h = 10 – 13 Knoten
Antrieb:	2 V-12-Motoren über Wendegetriebe (Üb. 1:2,852), 2 Propeller, Bugstrahlruder, Leistung 55 kW +– 75 PS Querschub 6000 – 6500 N Antrieb hydraulisch über Hauptmaschinen
Steuerung:	4 Ruderflächen auf 2 Ruderanlagen mit Auto-Pilot
Besatzung:	1 Schiffsführer, 1 Maschinist, 2 Matrosen
Nautik:	Radaranlage, Echolot, Schiffslog, Wendeanzeiger gekoppelt mit Auto-Pilot, Windmeßanlage, Bordkommandoanlage, elektrische Signal- und Bordrundspruchanlage, Alarmanlagen für Maschinen, Internationaler Rheinfunk und Schiffssicherheitsfunk
Funkausrüstung:	1 x FuG 8b mit FMS, 1 x FuG 8b (beide 4-m-Band), 1 x FuG 9c, 1 x FuG 10 Es. (beide 2-m-Band)

Pumpenleistung: (Druckwasser)	2 dreistufige F-Kreiselpumpen, je 5000 – 7000 l/min. an den Hauptmotoren = 300 – 400 m³/h je Pumpe, 1 dreistufige F-Kreiselpumpe am Hilfsaggregat 2840 l/min. = 170 – 180 m³/h = zus. 12 840 l/min. Nennleistung, 16 400 l Höchstleistung
(Lenzwasser)	einstufige Kanalradkreiselpumpe 6000 l/min. = 360 m³/h bei 2 bar am Hilfsaggregat Antrieb elektrisch E-Antrieb 37 kW, dazu 2 x 6660 l/min. der beiden F-Kreiselpumpen = 19 320 l/min
Hochdruckanlage: (Schnellangriff)	am Hilfsaggregat 12stufige Kreiselpumpe E-Antrieb 37 kW 250 l/min. bei 40 bar über Hochdruckschläuche à 60 m

Stromerzeuger:	2 Starterbatterien für Hauptmaschinen à 12 V 180 Ah zus. 24 V, 2 Starterbatterien für Hilfsmaschine à 12 V 110 Ah zus. 24 V, 1 Bordnetzbatterie 24 V 700 Ah, 2 Lichtmaschinen à 60 A, 2 Lichtmaschinen à 85 A, 1 Lichtmaschine von E-Motor 85 A, für Notstart 1 Generator 140 kVA Antrieb durch Hilfsaggregat 190 PS
Flutlichtmast:	12 000 Watt, 7 m ausfahrbar und drehbar
Monitore:	2 Monitore fernbedient, je 3000 l/min. bei 12,5 bar Wurfweite 90 m, Wurfhöhe 60 m, autom. Voll- und Sprühstrahlrohr, 1 Monitor fernbedient 10 000 l/min. bei 12,5 bar 120 m Wurfweite und 80 m Wurfhöhe bei alleinigem Betrieb, autom. Voll- und Sprühstrahleinstellung

DIE WASSERFAHRZEUGE

Schaummonitore:	2 Schwerschaumrohre fernbedient à 3000 l/min Luftz. 15 = 45 000 l/min.
	1 Schwerschaumrohr fernbedient 6000 l/min Luftz. 15 = 90 000 l/min., Wurfweite 60 – 80 m, alle Rohre mit Deflektoranlage
Schaummittelvorrat:	12 000 – 14 000 Liter Mehrbereichsschaum (Expyrol FA) auch für Alkoholbrände geeignet
Mittelschaumanlage:	16 Rohre Luftz. 75 = 400 l/min, x 16 x 75 = 480 000 l/min. bei Verbrauch von 14 t Extrakt: Erzeugte Menge 52 000 m³. Wurfweite ca. 10 m
Pulveranlage:	2000 kg Vorrat BC-Pulver, über Monitor 35 kg/s über Hochdruckschläuche à 30 m je 5 kg/s
Krananlage:	Atlas 5003 A 27, Hebekraft 4 Tonnen, bei 10,5 m Ausladung 1 Tonne
Beiboot:	20 PS Außenborder, für 4 Personen
Ambulanzraum:	mit allen Geräten, die für die Erste Hilfe und für einen chirurgischen Eingriff notwendig sind
Schleppeinrichtung:	10 Tonnen Zugvermögen
Sicherheitseinrichtungen:	**Selbstschutzwasserdüsen**, für die Fahrt durch brennende Öl- und Benzinlachen
	Überdruckanlage im Bootsinnern und im Maschinenraum, verhindert das Eindringen von explosiblen Gas-Luft-Gemischen in das Bootsinnere
	Schnellschlußanlage verhindert das Durchgehen aller Motoren bei einem eventuellen Ansaugen von explosiblen Gas-Luft-Gemischen,
	Gaswarnanlage, überwacht und gibt Alarm beim Einfahren des Bootes in explosible Gas-Luft-Gemische, letzte Alarmschwelle bei 3 m Höhe über der Wasserlinie
Eisbrechen:	bis 20 cm Eisdecke

Rettungsschnellboot RSB

1982 wurde ein Rettungsschnellboot beschafft. Es gilt, zwischen den Staustufen Offenbach und Griesheim, also dem Innenstadtbereich, möglichst schnelle Hilfe bei Personen in Wassernot, Sportbootunfällen usw. leisten zu können. Hinzu kommen Hilfeleistungen kleineren Umfanges wie z.B. das Bergen von Sportbooten. Der Vorteil des Bootes besteht darin, daß es die Einsatzstelle, gerade wenn es um Menschenrettung geht, wesentlich schneller als das FLB erreichen kann. Die erste Generation RSB war ein Bootskörper von Regal 1982, mit einem Mercury-Johnson-Motor von 175 PS. Man gelangte schnell zur Einsatzstelle, jedoch waren die Möglichkeiten durch die Bootskonstruktion beschränkt. 1991 wurde das erste Rettungsschnellboot altersbedingt durch ein den modernsten Anforderungen gerecht werdendes RSB ersetzt.

Aus der nautischen Ausrüstung sind besonders die zwei Echolotanlagen mit Digitalanzeige und Computer-Schreiber hervorzuheben. Das erleichtert die Suche nach vermißten Personen und Gegenständen erheblich. Auch die Rettungsausrüstung wurde im Vergleich zur ersten Generation erweitert. Herauszuheben sind die schwimmfähige Rettungstrage, die Life-Rettungsanzüge für das Personal und eine automatisch aufblasbare Rettungsinsel für 4-6 Personen. Die Höchstgeschwindigkeit von 40 Knoten (zwischen 60 und 70 km/h) hebt den Bug vollständig aus dem Wasser, und das Schiff scheint über das Wasser zu schweben. Erst bei einer solchen Fahrt erlebt man, wie hart und wellig auch eine „völlig ruhige" Wasserfläche sein kann. Bereits mehrmals konnten dank des Einsatzes des RSB Personen aus Wassernot gerettet werden. Erst vor nicht allzu langer Zeit nach Kentern eines Ruderbootes. Ein ausschlaggebender Punkt für die Beschaffung des RSB ist die zunehmende Anzahl der privaten Sportboote auf dem Main. Bei der Vielzahl der Boote lassen sich Unfälle nicht vermeiden, nicht zuletzt durch Mißachtung von Vorschriften und rücksichtsloses Fahren.

Beiboote des FLB

Im Heck führt das Feuerlöschboot ein Beiboot mit, das ähnlich wie bei einem Hecktrawler zu Wasser gelassen werden kann. Von dem Boot aus können Taucher wassern oder Ölschlengelüberwachung wird ermöglicht. Das erste Beiboot von 1970 wurde zu einem Sperrnachen für Aufgaben bei Ölalarm oder Flußsperren umgerüstet.

Der Nachfolger hat einen 35-PS-Motor, und es existiert noch ein Reserve-Beiboot mit einem 20-PS-Motor. Alle Bootskörper sind aus Leichtmetall gefertigt.

DIE WASSERFAHRZEUGE

161 *Die erste Generation Rettungsschnellboot RSB von 1982. Das RSB dient dem Schnelleinsatz zur Rettung von Menschenleben zwischen den beiden Frankfurter Staustufen.*

162 *Das RSB auf einem Trailer*

163 *Übung mit dem Hely-Hansen-Überlebensanzug, der Besatzungsmitglieder nicht untergehen läßt.*

164 *Im November 1991 wurde ein den modernsten Anforderungen gerecht werdendes RSB in Dienst gestellt. Die umfangreichen technischen Daten sind aus der Liste im Buch zu entnehmen. Das Boot erreicht mit seinem 300-PS-Motor eine Höchstgeschwindigkeit von ca. 70 km/h.*

DIE WASSERFAHRZEUGE

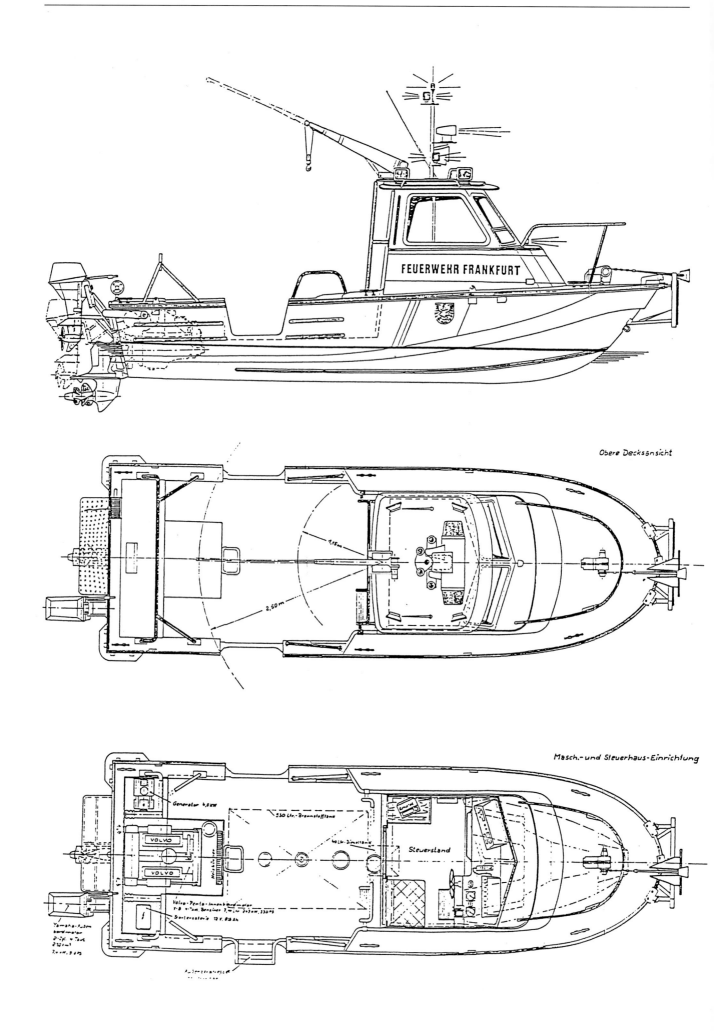

Kurzinformation über das Rettungsschnellboot der Stadt Frankfurt am Main

Bootsname:	Rettungsschnellboot (RSB)
Bootseigner:	Stadt Frankfurt am Main, Branddirektion (Amt 37)
Heimathafen:	Frankfurt am Main
Liegeplatz:	Feuerlöschboot-Station, Osthafen am Molenkopf
Indienststellung:	November 1991
Besatzung:	1 Bootsführer, 2 Matrosen (Feuerwehrleute)
Bootshersteller:	Boston-Wahler, USA
Bootstyp:	Frontier 25
Auftragnehmer:	Bootswerft Schmidt, Wiesbaden (Vertrieb und Einbauten)
Bootsschale:	GFK, Doppelrumpf, unsinkbar, mit Rettungsöffnungen auf jeder Seite, Stahlkiel, Hubschrauberösen, Schubkopf, Ankerwinde, Rettungsplattform achtern, Schleppbügel, geschlossener Fahrstand
Länge des Bootskörpers:	7,51 m
mit Schubkopf und Antrieb:	8,18 m
Breite über alles:	2,49 m
Tiefgang:	0,90 m
Höchster Festpunkt:	3,45 m
Wasserverdrängung:	3,4 Tonnen +– 500 kg
Motor:	Innenborder Volvo-Penta
Typ:	V-8, 4-Takt, Benziner
Hubraum:	7,4 Liter
Kurbelwellenleistung:	243 kW/330 PS
Antrieb:	Z-Antrieb mit Duoprop-Propellersystem
Untersetzung:	1,78 : 1
Steuerung:	Öldruck mit Servounterstützung
Tankvolumen:	530 Liter
Geschwindigkeit:	60 km/h +– 10 km/h
Nautik:	1 Echolotanlage mit Digital-Anzeige,
	1 Echolotanlage mit Computer-Schreiber
	1 Schiffslog (Geschwindigkeitsmesser)
	1 Signalgeberanlage DHI Signallampen
Funkausrüstung:	1 FuG 8b BOS 4-m-Band mit FMS
	1 FuG 9, BOS 2-m-Band
	1 tragbares Funkgerät, Motorola 3000 (RSB od. FLB)
	1 internationales Rheinfunkgerät, Shipmate
Funkrufname BOS:	Florian Ffm.-11-88
Rheinfunkrufnummer:	Rettungsboot Ffm. DA-4560
Bootstechnische Ausrüstung	
Heizanlage:	Für Steuerhaus, Maschinenraum + Kühlkreislauf (Vorheizung)
Generator:	4,0 kW für 80 + 220 Volt
Krananlage:	Zum Bergen und Retten, 2,50 m ausfahrbar, 300 – 500 kp Hebekraft, elektrische Winde
Flutlichtanlage:	4 Scheinwerfer à 500 Watt = 2000 Watt
Suchscheinwerfer:	360° drehbar, schwenkbar 60°, 100 Watt
Sondersignalanlage:	Blaulichter, Sprechanlage über Funkgerät steuerbar (Hella-Balken)
Sirene:	Spezial-Heuler zur Unterscheidung von Landfahrzeugen
Verkehrsfunk:	Verkehrsfunk + Wasserstandsmeldeanlage
Stromerzeuger:	1 Starterbatterie 12 V, 88 Ah, 395 A
	2 Bordbatterien à 12 V, 88 Ah, 395 A

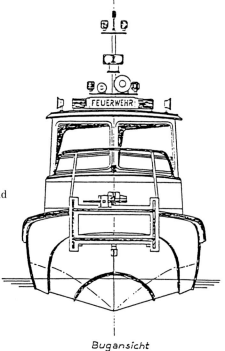

Bugansicht

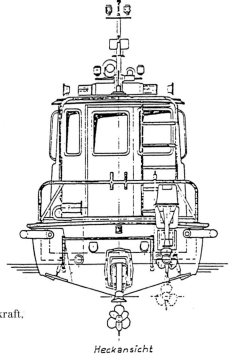

Heckansicht

DIE WASSERFAHRZEUGE

Ladung:	Im Fahrbetrieb über Lichtmaschine
	Am Liegeplatz über Landanschluß mit Ladeeinheit
Notantrieb:	Außenborder 7,4 kW/9,9 PS, 4-Takter
Zusatztank:	40 Liter (Diesel) für Generator + Heizung
Feuerwehrtechnische	Brechwerkzeug, Tauchpumpe, Pulverlöscher,
Ausrüstung:	CO_2-Löscher, Feuerlöschdecke, Werkzeugkoffer, Leichenbergegerät,
	Markierungsbojen, Handscheinwerfer, Verlängerungskabel,
	1 C-Schlauch, 1 C-Strahlrohr,
Rettungsausrüstung:	Automatische, schwimmfähige Rettungsstrage, Life-Rettungsanzüge,
	Lifegurte, Mann-über-Bord-Beutel, Erste-Hilfe-Koffer, Klapptrage,
	Automatische Rettungsinsel 4 – 6 Pers., Rettungsringe, Schwimm-
	westen, Nachtsichtgerät (RSB od. FLB),
Seemännische Ausrüstung:	Leinen, Fender, Paddel, Bootshaken, Flaggen, Fernglas, Schwimm-
	leine
Aufgaben des Bootes:	Menschen- und Tierrettung
Hilfeleistungen:	Bergen, Schleppen, Verholen, Umweltschutzaufgaben
Einsatzgebiet:	Zwischen der Stauhaltung „Offenbach und Griesheim" und darüber
	hinaus auf Anforderung nach der Ausrückeordnung der Brand-
	direktion
Gesamtkosten:	320 000,— DM

165 *Explosion auf einer als Hausboot genutzten Jacht im Frankfurter Westhafen. Hier der erste Löschangriff vom Bootssteg aus; kurz darauf kam das FLB zum Einsatz.*

166 *Das erste Beiboot des FLB wurde zu einem Sperrnachen für Aufgaben bei Ölalarm oder Flußsperren umgerüstet.*

167 *Dieses Boot mit Leichtmetallkörper und 20-PS-Motor wird als Reserve-Beiboot des FLB genutzt.*

Nicht verwirklichte Projekte

Seit Anfang der siebziger Jahre boomte die Stadt Frankfurt erheblich. Auch der Flughafen entwickelte sich mit rasender Schnelligkeit weiter. In der Innenstadt schossen Wolkenkratzer aus dem Boden, das Gefahrenpotential auf dem Flughafen erhöhte sich mit Einführung der Jumbo-Jets Boeing 747 erheblich. Das Transportaufkommen auf dem Main und die damit verbundenen Gefahren (z.B. durch Mineralöltransporte) stieg an. Prof. Dipl.-Ing. Achilles entwickelte zu diesen zwei Schwerpunkten Projekte, die ihrer Zeit weit voraus waren, aber bekannterweise gilt der Prophet im eigenen Lande nichts. Auch der innovationsfreudige Branddirektor Schänker sah sich mit großen Schwierigkeiten bei der Verwirklichung seiner zukunftsweisenden Ideen, die später Standard wurden, konfrontiert.

Die Löschraketen

Anfang der siebziger Jahre betrug die Eingreifzeit klassischer Feuerwehrfahrzeuge bei Flugzeugbränden 4-5 Minuten. Jedoch um Menschen retten zu können, stehen maximal 120 Sekunden zur Verfügung. Man denke daran, daß ein Jumbo-Jet ca. 180 000 Liter Flugbenzin mitführt und man kann sich die Konsequenzen für die Passagiere bei einem Brand vorstellen. Der Gedanke eines Raketeneinsatzes für Löschzwecke geht auf das Jahr 1957 zurück, und bei dieser Studie wurde auf Propagandaraketen Typ Promar zwecks Löschmitteltransport (50 kg) zurückgegriffen. Die Raketen sollten von einem manuell steuerbaren Raketengestell auf die Brandstelle geschossen werden. Prof. Achilles modifizierte in enger Zusammenarbeit mit der Firma Honeywell in den Jahren 1969-1973 die Idee. Drei Werfer je 40 Raketen mit 50 kg Löschmittel Pulver könnten somit 6000 kg Pulver zum Einsatz bringen.

Die Raketen würden im Abstand von einer halben Sekunde abgefeuert, und das Löschmittel würde nach Zündung durch Auftrennen des Kopfes ausgestoßen. Die Flugkörper fielen dann gebremst im Bereich der Einsatzstelle auf den Boden. Honeywell verfügte über das notwendige technische Know-how über Steuerung und Programmierung. Die Abschußbasis sollten Werfer der Firmen Wegmann oder Oerlikon/Schweiz bilden. Die

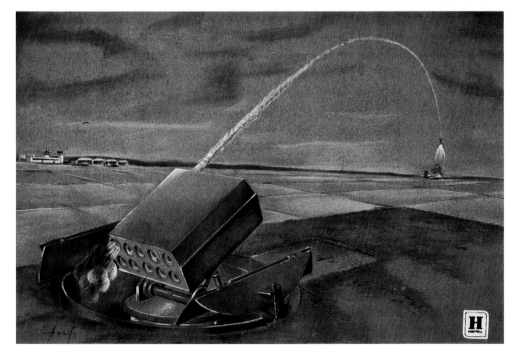

168 *Drei Werfer der Firma Wegmann oder Oerlikon/ Schweiz sollten je 40 Raketen mit 50 kg Pulver zum Einsatz bringen. Modifiziert wurde das System in Zusammenarbeit mit der Firma Honeywell.*

NICHT VERWIRKLICHTE PROJEKTE

169 *In einer Studie von 1969 stellte Prof. Achilles ein Großfahrzeug für 12 000 kg Pulver mit zwei Führerhäusern vor. Aus dem einen Fahrerhaus sollte ein ferngesteuerter Löschpanzer herausfahren und eine Gasse für nachrückende Einsatzkräfte schaffen.*

Bundeswehr verfügte bereits über beide Systeme. Eine Patentanmeldung für diese Löschmethode erfolgte 1971. Jedoch wurde schnell erkannt, daß diese nicht ganz gezielt einsetzbare Löschmittelmenge nicht ausreichen würde. Somit entwickelte Herr Achilles mit der Firma Erno-Raumfahrttechnik/Bremen das System weiter. Diesmal wurde ein Flugkörper ähnlich der V-1-Rakete entwickelt. Insgesamt 750 kg schwer, könnte diese Rakete 500 kg Pulver befördern, 12 Drohnen dieser Art könnten rechnergestützt von der Leitstelle Flughafenfeuerwehr auf den Weg gebracht werden. Von den Werfern würden die Flugkörper abgeschossen, die ihr Ziel mit Hilfe eines Notsenders im Flugzeug fänden. Nach Löschmittelabwurf könnten die leeren Hülsen zu einem Landeplatz gesteuert werden und wären wiederverwendbar. Beide Systeme wurden auf der „Interschutz" 1972 in Frankfurt vorgestellt und fanden allgemeine Beachtung, jedoch die Vereinigung der Flughäfen sperrte sich gegen dieses Projekt und somit konnte diese Idee niemals verwirklicht werden. Interessanterweise wurde genau wie beim Kettenfahrzeug die Idee der Konversion der Zeit weit vorauseilend angedacht.

Großtanklöschfahrzeug mit Löschpanzer

Prof. Achilles dachte auch bei der Entwicklung von Großtanklöschfahrzeugen für Flugzeugbrandbekämpfung weiter. Es ging darum, geeignete Löschmittelmengen innerhalb der Eingreifzeit von 120 Sekunden mit einem geeigneten Fahrzeug, ausgestattet mit entsprechend leistungsstarken Motoren, zum Ersteinsatz zu bringen. Hierfür eignen sich nur PS-starke Großfahrzeuge mit entweder 18 000 Liter Wasser oder 12 000 kg Pulver. 1969 erstellte Prof. Achilles eine Studie, der ein Großfahrzeug mit zwei Führerhäusern zugrunde lag. Es war an 12 000 kg Pulver gedacht, und es sollte ein ferngesteuerter Löschpanzer mit Monitor unter der Fahrerkabine untergebracht werden. Per absenkbarer Klappe im Fahrerhausboden könnte der „Panzer" mit einer Aktionslänge von 80 m eine direkte Gasse zum Flugzeugrumpf schlagen, um nachrückenden Einheiten die Menschenrettung zu ermöglichen. Der Löschpanzer würde per Spezialschlauch vom Mutterfahrzeug versorgt und wäre ferngesteuert. Folgende Firmen waren mit der Entwicklung beauftragt:
– Trägerfahrzeug: Faun, Klöckner-Humboldt-Deutz
– Löschpanzer: Rheinstahl, Hanomag
– Spezialschlauch: Weinheimer Gummiwarenfabrik
– Löschaufbauten/Löschmittel: Minimax AG, Hoechst AG

Das Projekt ging über das Reißbrettstadium nicht hinaus, wohl aus finanziellen Gründen kam es nicht zur Ausführung. Einen Vorteil jedoch hatte diese Idee. Die BF Frankfurt erhielt ein Großtanklöschfahrzeug GTLF 18 (s. Band 1) mit zwei Fahrerhäusern, basierend auf dieser Idee. Parallel zu dieser Entwicklung wurden auf der Interschutz 72 mehrere Großfahrzeuge von Faun, jedoch mit einem Fahrerhaus vorgestellt. Drei Fahrzeuge dieser Art erhöhten die Schlagkraft der Flughafenfeuerwehr Frankfurt erheblich, eins ging nach München. Die Nachfolgefahrzeuge Simba 8x8 und 6x6 von Rosenbauer (ebenfalls in Frankfurt) sind ein bekannter Begriff. Fast jeder Flughafen besitzt heute Großfahrzeuge dieser Art. Somit hat sich das Achilles-Konzept in leicht veränderter Form doch durchgesetzt.

Wahlefeld-Hochretter

Die siebziger und achtziger Jahre bescherten der Stadt Frankfurt, besonders dem Bankenviertel im Westen eine Vielzahl von Hochhäusern, die für die heutige Skyline typisch sind. Die Krönung bildet der Messeturm mit 256,50 m Höhe als höchstes Hochhaus Europas, und derzeit entsteht ein Bankgebäude von 298 m Gesamthöhe. Ab der Hochhausgrenze von 22 m beginnt das Problem der Menschenrettung aus größeren Höhen. Der Brand des Selmi-Hochhauses in ca. 140 m Höhe führte der Frankfurter Feuerwehr das Problem deutlich vor Augen und hier waren noch nicht einmal Menschenleben gefährdet. Auch war der vorbeugende Brandschutz noch nicht auf dem heutigen Stand (z.B. überdruckgesicherte Treppenhäuser mit Sicherheitsschleusen). Prof. Dipl.-Ing. Achilles entwickelte mit der Firma Wahlefeld Maschinenbau, Krefeld, ein Höhenrettungssystem auf einem Fahrzeug. Pate für die Idee standen die bereits vorhandenen Einrichtungen für Arbeitsgondeln der Fensterputzer. Voraussetzung waren die Dachausleger der Gondeln und mit dem Erdniveau verbundene Hausseile an der Fassade. Das mobile System des Fahrzeuges wird per Hausseil mit dem Ausleger verbunden, Tragseile für die Rettungsgondel werden umgespult und bilden ein Operationsdreieck Ausleger, Fahrzeug und Fassadenendpunkt. Die Rettungsgondel kann jeden Punkt des Dreiecks, unterstützt durch Steuerseile, anfahren.

Das Fahrzeug MB 1019/Ziegler/Wahlefeld führte die Aufzugsmaschine, Trag- und Steuerseile sowie die Rettungsgondel mit. Erprobt wurde das System in Frankfurt und 1980 auf der „Interschutz" Hannover vorgestellt. Bereits vorgesehene Mittel mußten für die Ersatzbeschaffung eines verunfallten Sonderfahrzeuges ausgegeben werden, und das Projekt verschwand sang- und klanglos in der Versenkung. Wahlefeld verbesserte das System und bot es auf kleineren Fahrzeugen an (z.B. MB 508 D). Die Sowjetunion und südamerikanische Länder (vergleiche Hochhausbrand in São Paolo) zeigten Interesse. Gewissermaßen kann man das Fahrzeug als maschinellen Vorläufer der später gegründeten Höhenrettungsgruppe bezeichnen.

170 *Der Hochretter wurde von Prof. Achilles mit der Firma Wahlefeld entwickelt. Das Gerät arbeitet mit Seilen und einer Gondel, ähnlich der Fensterputzergondel. Maschine, Seil und Gondel wurden 1980 auf einem MB 1019 von Ziegler untergebracht und erstmals während der „Interschutz" in Hannover gezeigt.*

NICHT VERWIRKLICHTE PROJEKTE

Das Luftkissenboot

„Die Feuerwehr kommt angeschwebt, Rettung auf dem Luftkissen", lauteten 1988 Schlagzeilen der Tagespresse und kündigten ein von Prof. Dipl.-Ing. Achilles projektiertes Luftkissenboot für Feuerwehren an. Gedacht war das Boot für Einsätze bei Ölalarm oder zur Rettung bei Eisunfällen. Eisrettung beispielsweise birgt erhebliche Gefahren für die Retter, konventionellen Booten sind beim Öleinsatz Grenzen in der Beweglichkeit gesetzt, indem sie nur den Rand des Geschehens befahren können. Ein Luftkissenboot könnte quasi über der Einsatzstelle schweben, und man hätte die Möglichkeit, gezielt ins Geschehen einzugreifen. Das Boot sollte folgende technische Daten haben:

Länge:	5,5 m
Breite:	2,5 m
Motor:	90 PS
Geschwindigkeit:	80 km/h
Besatzung:	1/1
Schwebehöhe:	25 cm über der Wasseroberfläche
Preis:	DM 100 000,—

Treppen und Uferböschungen könnten mit dem Boot gemeistert werden. Gedacht war an die Stationierung auf der Wache 3 in Verbindung mit dem Wasserrettungszug. Ein Trailer könnte das Boot zur Einsatzstelle bringen. Diese Idee ging über die Planungs- und Erprobungsphase nicht hinaus und wurde aus unbekannten Gründen nie in die Praxis umgesetzt. Lediglich das Modell des Bootes verstaubt auf dem Dachboden der Abteilung Ausbildung.

171 *Das Luftkissenboot, erstmals 1988 der Presse vorgestellt, kam über das Modellstadium nicht hinaus.*

Neue Technologien und Verfahren

Daß in Frankfurt Hochhäuser wie Pilze aus dem Boden schießen, ist bekannt. Aber auch Hochhausbaustellen und hohe Industrieanlagen stellen die Feuerwehr vor ungewohnte Aufgaben. Unfälle in großen Höhen häufen sich in den letzten Jahren. Das bewog die Feuerwehr Frankurt, eine Höhenrettungsgruppe HöRG zu gründen, die für Einsätze in extremen Höhen oder Tiefen geschult ist.

Die Höhenrettungsgruppe HöRG

Pate bei der Idee standen die Speziellen Rettungsdienste SRD bei einigen Berufsfeuerwehren der ehemaligen DDR (z.B. in Suhl). Die herkömmliche Feuerwehr-Rettungstechnik basiert auf dem Feuerwehr-Sicherheitsgurt, der Fangleine und der Anwendung des Brustbundes. Abstürzen, bei denen Kräfte bis 20 kN (20 000 kp) auftreten, ist die Fangleine nicht gewachsen. Der Seilriß ist vorprogrammiert. Hält das Seil, so sind erhebliche Verletzungen vor allem im Brustbereich zu erwarten. Im schlimmsten Fall droht der Absturz. Somit steht an sich eine Neukonzeption der Rettungsmethoden an. Beispielsweise verlieren Fangleinen durch Alterung erheblich an Belastbarkeit, teilweise bis zu 50 %.

Resultierend aus diesen Erfahrungen beschloß man die Gründung einer Spezialeinheit, die besonders ausgerüstet ist. Man informierte sich und stellte folgende Ausrüstung zusammen:

172 *Zwei Trupps der Höhenrettungsgruppe mit Ausrüstung*

173 *Das vertikale Abseilen einer Person mittels Schleifkorbtrage.*

1. Feuerwehrrettungsgerät
2. Industrierettungsgerät
3. Ausrüstung aus dem alpinen Bereich (z.B. Seile mit großer Länge und Reißfestigkeit)
4. Sondergerät

Die ersten Höhenretter wurden an der Gebirgs- und Winterkampfschule der Bundeswehr in Mittenwald geschult, und Personal von dort unterstützte die ersten Mitglieder der Gruppe bei einem Pilotlehrgang vor Ort in Frankfurt. Die Mitarbeit ist freiwillig, es erfolgen Untersuchungen nach berufsgenossenschaftlichen Grundsätzen G 41. Heute wird eng mit der Brand- und Katastrophenschutzschule BKS Heyrotsberge zusammengearbeitet, die die zentrale Ausbildungsstätte für Höhenrettung ist. In Frankurt besteht die Einsatzsollstärke aus Führer und vier Mann, mindestens jedoch 1/2. 31 Männer und eine Frau haben sich bis jetzt zur Verfügung gestellt. Die Einsatzmöglichkeiten gliedern sich folgendermaßen:
– Retten von Personen oder Tieren mit herkömmlichem Gerät, jedoch unter extremen Bedingungen,
  Auf- und Abseilen von Personen vertikal,
– Rettung von Personen am gespannten Schräg- oder Horizontalseil,
– Retten von Personen mittels Schleifkorbtrage,
– Verwendung von Haken- oder Strickleitern zum gesicherten Auf- oder Absteigen,
– Einsätze bei erheblicher Absturzgefahr.

Die Ausrüstung ist in drei Gerätekästen untergebracht. Übungen wie das Abseilen von einem 200-m-Hochhaus oder vom Fernmeldeturm aus 300 m Höhe machten Schlagzeilen. Aber auch spektakuläre Einsätze ließen die Presse aufhorchen. Am 14.7.94 wurde die HöRG nach Bochum gerufen, um eine Frau von einem 90 m hohen Baukran zu holen. Die Frau wurde abgeseilt und in eine psychiatrische Klinik eingewiesen. Eine Woche später wiederholte sich das Spiel; diesmal mit Selbstmordabsicht. Die wiederum eingesetzte HöRG überredete die Frau zu einem selbständigen gesicherten Abstieg.

Im Mai 1994 mußte ein 270 kg schwerer Mann, der durch keine Tür paßte, aus dem dritten Stock eines Hauses ins Krankenhaus gebracht werden. Die HöRG setzte in diesem Fall die Wannenbergungstrage in Verbindung mit dem Kranwagen KW 5 ein und brachte den Mann sicher zur Erde. Gerade bei Personenrettung überschwerer Menschen hat sich die Gruppe schon oft bewährt, aber auch Menschenrettungen standen öfter auf der Tagesordnung. Ein Beweis dafür, daß die Gründung dieser Gruppe eine Lücke in der Einsatztätigkeit der Feuerwehr schließt.

In der ehemaligen DDR, im seinerzeitigen Ostblock, in Spanien und Frankreich gab und gibt es Gewerbekletterer, die an Fassaden tätig sind. Die Arbeitsweise entspricht der vorgestellten Höhenrettungsgruppe, teilweise nennen sich diese Leute „Vertikalisten". Dieser Berufsstand wurde bei der Verhüllung des Reichstages der Öffentlichkeit bekannt, und seitens der Berufsgenossenschaft ist eine Versicherung nicht angesagt. Somit arbeiten die Gewerbekletterer unversichert, weil vermutlich die Lobby der Gerüstbaufirmen Konkurrenz befürchtet. Dieses sei nur als der zivil-gewerbliche Teil der Höhenrettung dargestellt, deren Hauptaufgabe die Menschenrettung ist.

Das 2-RS-System (Ries-Rosenstock-System)

Jedes Jahr zur Urlaubszeit hört man von großen Waldbränden in den Mittelmeerländern. 1994 wurden in Spanien alleine 150 000 Hektar Wald vernichtet. Große Waldbrände in Australien und Kalifornien forderten große Waldflächen. Einerseits sind diese Brände ein erheblicher Schaden für die Volkswirtschaft, schlimmer jedoch sind die Schäden für die Umwelt. CO_2-Abbau und Sauerstofferzeugung gehen verloren, Schadstoffe gelangen in die Umwelt, als Folgeschaden verzeichnet man große Bodenerosionen. Das Gleichgewicht von Flora und Fauna wird gestört. Auch kosten Feuer dieser Art

NEUE TECHNOLOGIEN UND VERFAHREN

immer wieder Menschenleben. Wohnhäuser, gar ganze Wohnsiedlungen werden von Flammenwalzen überrollt. Feuer dieser Art erfordern bei relativer Hilflosigkeit der Feuerwehr erhebliche Materialschlachten. Wohl ist jedem die Waldbrand-Katastrophe von 1975 in Niedersachsen noch in Erinnerung. Auch hier gelang es nur durch einen Großeinsatz von Feuerwehren aus der ganzen Bundesrepublik, die Situation in den Griff zu bekommen.

Das Verfahren, per Explosionsdruck Ölquellen „auszublasen", ist seit langem bekannt. Der berühmteste Ölbrandbekämpfer ist „Red Adair". Bei Großbränden wie vorgeschildert kommt es zu feuersturmartiger Ausbreitung der Wipfel- und Mittelfeuer. Hier können die Löschmannschaften nur gezielt zurückweichen, die Aufgabenstellung lautet, die Flammenfront gezielt zu stoppen. Gegenfeuer sind eine waldfressende Methode. Wasser als Löschmittel kombiniert mit der Detonationswirkung von Sprengstoff könnte hier eventuell Abhilfe schaffen. Durch die Sprengwirkung kann Wasser schlagartig vernebelt werden.

Die Firma INBURE, beauftragt vom Bundesforschungsministerium BMFT, nahm im Rahmen eines europaweiten EUREKA-Projekts zur Erforschung mit der Firma Rosenstock Sprengtechnik und der Frankfurter Feuerwehr Verbindung auf. Das mittlerweile patentrechtlich angemeldete Frankfurter System 2 RS war geboren.

Parallel zur vorrückenden Flammenfront wird ein Folienschlauch verlegt. In dem Schlauch ist eine Sprengschnur eingearbeitet oder wird eingezogen. Dann wird der Schlauch mit Wasser gefüllt und an den Enden verschlossen. Erreicht die Flammenfront den Schlauch,

174 *Der Sprengschlauch wird ausgelegt und mit Wasser gefüllt.*

wird gezündet, es entstehen Drücke von mehreren tausend bar. Das Wasser verdampft auf Molekulargröße und wird mit einer Geschwindigkeit von 6300 m/sec. auf das Brandgut geschleudert. Es wirken der Ausblaseffekt und der Kühleffekt der fein verteilten Wasserdampfwolke, die das Brandgut schlagartig herunterkühlen und die thermische Grundlage der Verbrennung entziehen. Zusätze (Retarder), z.B. Salze, bilden eine Kruste auf dem Brandgut. Verbleibende Glutnester und kleinere Bodenbrände können problemlos auf klassische Weise bekämpft werden.

Das Verfahren wurde im September 1994 der Fachwelt vorgestellt und verblüffte durch seine Wirkung. Zeitungsausschnitte lauteten: „Bum, das Feuer ist aus ... der Urknall". Sogar der Spiegel titelte „Bum und aus". Weitere Versuche folgten, und im Mai 1995 fand in Brandenburg ein vergleichender Großversuch mit verschiedenen Methoden statt. Brandenburg ist extrem waldbrandgefährdet.

Der Frankfurter Beitrag erwies sich als erfolgreich. Dieses Mal titelte die Presse: „Heißer Knall von Red Ries". Versuche laufen bereits, größere Mineralölbrände mit diesem System zu löschen, auch wurde schon an die Verwendung bei Zimmerbränden gedacht, um Wasserschaden zu vermeiden. Das Projekt wurde in Brüssel vorgestellt, um eventuell finanzielle Mittel für die Weiterentwicklung des Systems von der Europäischen Kommission zu erhalten. In Australien und Südafrika wurde das System ebenfalls vorgestellt, und man zeigte dort Interesse.

Auch ist an eine Eingreiftruppe „Euro-Fire-Fighters" gedacht. Eine Gruppe von 15 Feuerwehrleuten hat sich bereits für diese Aufgabe bereit erklärt und wird ständig mit diesem System geschult. Auch die Beratung anderer Feuerwehren ist möglich. Da die Dimensionen des Projektes immer größer werden, wird jetzt mit der Firma Wagner Alarm- und Sicherheitssysteme in Hannover zusammengearbeitet. Diesem System steht bei konsequenter Weiterentwicklung die Zukunft offen.

175 *Der Versuchsaufbau aus Gestrüpp brennt in voller Ausdehnung.*

176 *Durch die Sprengwirkung wird das Wasser schlagartig bis zur Molekulargröße verdampft, und das Brandgut wird heruntergekühlt. Das Feuer ist gelöscht!*

Einsatz und Organisation, Technik und Ausbildung

Abteilung 37.21: Einsatzplanung, Organisation und Einsatzleitung

Der Abteilung obliegt die Dienstplanung, organisatorische Fragen werden geklärt, von hier aus findet die Presse- und Öffentlichkeitsarbeit statt, und die Logistik, die den auf viele Außenstellen (Wachen) verteilten Betrieb Branddirektion zusammenhält, gehört zu den Aufgaben dieser Abteilung. Ein umfangreicher Fahrzeugpark steht für logistische Aufgaben bereit. Es stehen Gerätewagen GW für Kurierdienste und Nachschub an Einsatzstellen bereit. Mannschaften, z.B. bei einer Ablösung im Einsatz, können mit bereitstehenden Bussen (Mannschaftstransportwagen MTW) befördert werden. Ob es zu Kriegszeiten eine solche Abteilung gab, läßt sich nicht feststellen. Aus Magistratsakten des Jahres 1940 geht jedoch hervor, daß Mittel für gebrauchte Motorräder zu Kurierzwecken bereitgestellt wurden. Diese Maschinen dürften in der durch den Bombenkrieg zerstörten Stadt gute Dienste geleistet haben. Nach dem Krieg wurde die heutige Abteilung aufgebaut. Man griff auf die vorhandenen Motorräder zurück. Es handelte sich um DKW 100 (100 ccm, Baujahr 1937, in Dienst bis ca. 1955) und NSU-Maschinen, 100 ccm, Baujahr 1935 bis 1955. Es gab auch Seitenwagenmaschinen, mit denen der Einsatzleiter gefahren wurde.

Der nächste Schritt in den fünfziger Jahren war die Beschaffung von Lloyd-Kombifahrzeugen. Zeitzeugen

177 *Kurierfahrzeug Gerätewagen GW 3, VW von 1966.*

178 *1940 wurden 20 gebrauchte Motorräder angekauft. Es handelte sich um NSU- und DKW-Maschinen von 1935 und 1937.*

179 *Ein Lloyd 600 Kombi aus den fünfziger Jahren als Kurierfahrzeug*

sagten aus, daß es sich um 400-ccm-Zweitakter und um 600-ccm-Viertakter gehandelt haben kann. Schriftliche Unterlagen als Nachweis existieren nicht mehr. Die Fahrzeuge waren Dreitürer, die Kofferraumtür war seitlich angeschlagen. Ebenfalls müssen noch einige 300er als Zweitakter-Limousinen in Gemischtbauweise Stahl-Holz als Pkw gelaufen sein. Alle Fahrzeuge besaßen „Krückstockschaltung", wie man sie auch von der legendären „Ente" (2-CV) kennt, und die Beteiligten können sich an diese Schaltungsart noch genau erinnern. Fahrzeuge dieser Art sollen bis 1964 in Dienst gewesen sein.

180 *GW 4, VW LT 31 von 1979*

Der nächste Schritt waren VW-Busse in verschiedenen Varianten. Auch wurden Krankenwagen, die ausgedient hatten, für die Zwecke dieser Abteilung genutzt, ebenfalls VW-Busse. Bei den VW-Fahrzeugen handelt es sich um einen Kleinlaster VW 26 mit Pritsche, Plane und Spriegel aus dem Jahr 1966. Es folgten ein VW 22 (GW 8, 1966) und ein VW 23 (GW 6, 1969) als geschlossener Kasten mit Fenster. Ab 1979 lief ein VW LT 31 als GW-4-Kleinbus. Bis zur Einführung des Wechselladerprogramms besaß die Abteilung 21 eine Lkw-Flotte für Transportaufgaben. Es handelte sich um folgende Fahrzeuge:

1. GW 4	MB 322	1955	Pritsche	erhöhte Bordwand
2. GW 1	MAN 415	1963	Pritsche/Plane	
3. GW 3	MAN 415	1963	Pritsche/offen	
4. GW 4	MB L 322	1963	Pritsche/offen	ehemaliges TroLF

181 *GW 3 MAN 415 Pritsche/offen von 1963*

182 *GW 1 MAN 415 Pritsche/Plane von 1963*

183 *Lkw Gerätewagen GW 4 auf MB 322 von 1955 mit erhöhter Bordwand*

EINSATZ UND ORGANISATION, TECHNIK UND AUSBILDUNG

184 *GW 4 auf MB L 322 von 1963 mit offener Pritsche. Hier handelte es sich um das nicht mehr benötigte Trockenlöschfahrzeug TroLF, das 1974 umgebaut wurde – und noch mehrere Umbauten über sich ergehen lassen mußte (siehe Bild 63).*

185 *Ein LF 16 auf Magirus 150 D 10 A von 1965 wurde für Sonderaufgaben der Abteilung 37.21 (Einsatz und Organisation) quasi als Springer eingesetzt.*

186 *Einige der Kurierfahrzeuge der Abt. 21 von links nach rechts: GW 2 auf MB 508 D (1985), GW 3 auf MB 310 D (1989) und GW 11 auf MB 307 D (1984).*

187 *Mannschaftstransportfahrzeug MTF 12 als Kleinbus auf MB 207 D von 1984*

103

EINSATZ UND ORGANISATION, TECHNIK UND AUSBILDUNG

188 *Mannschaftstransportfahrzeug MTF 1 als Bus von Neoplan/Auwärter (1987) mit 45 Sitzplätzen*

189 *GW 10 auf MB 307 D (1982) mit Pritsche/Plane*

190 *GW 17 auf Opel Kadett Caravan 1,6i als Bildstellenfahrzeug*

Der GW 4 von 1955 hatte erhöhte Bordwände und versorgte die Heizungen der Wachen mit Koks, also ein Kohlewagen mit Blaulicht. Der GW 4 MB L 322 hat eine abenteuerliche Geschichte hinter sich. Es handelte sich um das alte Trockenlöschfahrzeug, umgebaut zu einem Lkw. Der L 322 mit 110 PS wurde zu einem LAF 322 mit Allradantrieb und neuem 132-PS-Motor umgebaut. Außer dem Führerhaus war somit vom alten TroLF nicht mehr viel übrig. Ein weiteres Kuriosum war das Mehrzweckfahrzeug MZF, ein ehemaliges LF 16 der Freiwilligen Feuerwehr Nieder-Eschbach von 1965 auf Magirus 150 D 10 A. Das MZF wurde für Aufgaben im Atemschutz oder der Wasserrettung eingesetzt, wenn eines der Sonderfahrzeuge durch Reparatur ausfiel.

Heutige Fahrzeuge der Abteilung 21

Es handelt sich um einen Kleinbus, einen Reisebus, vier Gerätewagen GW mit Kastenaufbau, einen Klein-Lkw mit Pritsche, Plane und Ladebordwand, einen Reserveeinsatzleitwagen, der auch als Bildstellenfahrzeug Verwendung findet. Ein Opel Kadett Caravan 1,6i wird als GW 17 für Bildstellenzwecke eingesetzt. Heutige Fahrzeuge:

1. MTF 12	MB 207 D	1984	Kleinbus
2. MTF 1	Neoplan/Auwärter	1987	Bus/Jetliner
3. GW 5	VW-LT	1981	Kasten
4. GW 10	MB 307 D	1982	Pritsche, Plane, Ladebordwand
5. GW 11	MB 307 D	1984	Kasten mit Fenster
6. GW 2	MB 508 D	1985	geschl. Kasten
7. GW 3	MB 310 D	1989	geschl. Kasten
8. Res. ELW	MB 300 GD/Binz	1984	Sonderaufbau

Abteilung 37.3 Technischer Dienst

Um einen Großbetrieb wie die Frankfurter Feuerwehr einsatztaktisch am Leben zu erhalten, wirken im Hintergrund die technischen Dienste mit vier Abteilungen. Was wäre eine Feuerwehr ohne sachkompetente Werkstatt, die Einsatzfahrzeuge wartet und repariert? Auch ohne Fernmeldetechnik der modernsten Art geht im Einsatzbetrieb nichts mehr. Dieses sind nur zwei herausgegriffene Beispiele. Vier spezialisierte Abteilungen stehen für die technischen Sonderaufgaben bereit:
– 37.31 Zentrale Werkstätten;
– 37.32 Bedarfsüberprüfung und Lagerverwaltung (ohne Fahrzeug);
– 37.33 Atem- und Strahlenschutz, Meßgerätewerkstatt;
– 37.34 Nachrichten- und Elektrotechnik.

Ein Brandoberrat als Abteilungsleiter koordiniert die Sachgebiete, in denen 8 Beamte, 16 Angestellte und 19 Arbeiter tätig sind.

Abt. 37.31 Zentrale Kfz-Werkstätten

Ursprünglich war die Werkstatt in einem Gebäudetrakt im Hinterhof der Feuerwache Burgstraße untergebracht. Hier ließ Branddirektor Schänker seine legendären Fahrzeugentwicklungen handwerklich ausführen. Seinerzeit arbeitete man eng mit den Vereinigten Deutschen Metallwerken VDM zusammen. Nach dem Krieg nahm die Werkstatt ihre Arbeit wieder auf. Es galt, mit primitiven Mitteln rückgeführte Löschfahrzeuge aufzuarbeiten und „am Leben" zu erhalten. Nachdem sich die Zeiten normalisiert hatten, übernahm die Abteilung die Reparatur von Einsatzfahrzeugen. Die Platzverhältnisse waren beengt, der Gebäudezustand desolat, die Gemäuer wurden nach und nach baufällig. 1975 wurde die Abteilung nach der Wache 5 in Nied verlegt. Für das Provisorium standen die Wasch- und Pflegehalle, die Schlosserei sowie drei große Fahrzeughallen zur Verfügung. 1980 konnten dann endlich die Hallen und Werkstätten im Technik- und Ausbildungszentrum in der Hanauer Landstraße 291 im Osten Frankfurts bezogen werden. Neben den laufenden Reparaturen werden die Leitern gewartet, TÜV-Abnahmen

191 *Die Gebäude der Kfz-Werkstatt hinter dem Bau der FW 2 waren samt ihrer Ausstattung genauso schrottreif wie einige der alten Fahrzeuge. 1975 wurde die Werkstatt auf die Wache 5 verlegt, da die hiesigen Zustände unhaltbar wurden.*

192 *Fahrzeuge der Abt. 37.34 Nachrichten und Elektrotechnik und 37.31 Zentrale Werkstätten von links nach rechts: Fernmeldebauwagen FBW 1 MB 409 D (1989), FBW 4 MB 608 DKA/Ruthmann (1985), FBW 2 MB 307 D (1985), FBW 3 MB 307 D (1987), GW 30 VW Polo, Pkw VW Polo (beide 86 C) von 1981 und 1985, Kompressoranhänger KA Mannesmann-Demag (1980), Kabelanhänger Lameier (1993), Werkstattwagen 2 und 1 VW LT 28 von 1981 und 1978.*

ABTEILUNG 37.3 TECHNISCHER DIENST

193 *Blick in die Werkstatthalle der Abt. 37.31, Zentrale Werkstätten*

194 *Werkstatt der Abt. 37.31 von außen gesehen*

195 *Die Mitarbeiter der Abt. 37.21 sind vor ihrem Werkstatt-Fahrzeug versammelt. Jeder der Kollegen ist ein Spezialist auf seinem Gebiet (Drehleitertechnik, Pumpen, Motor, Fahrzeugelektrik).*

vorbereitet sowie Bremshaupt- und Zwischenuntersuchungen durchgeführt. Auch gibt es Spezialisten für Tragkraftspritzen und Hubrettungsgeräte. Der Fuhrpark besteht aus einem Werkstattwagen VW LT 28 (GWG) von 1979.

Ein Wechselladeraufbau WLA Tankstelle von Esterer, 1986, dient der mobilen Kraftstoffversorgung an Einsatzstellen mit langer Dauer und großem Aufwand von Fahrzeugen. Es werden je 2500 Liter Diesel und Ottokraftstoff mitgeführt. Gute Dienste leistete der WLA bereits auf Feuerwachen, deren Tankstelle durch Wartung oder Reparatur nicht betriebsbereit war. Der Tankwagenauflieger wurde durch diesen WLA ersetzt. Dem Abteilungslei-

ABTEILUNG 37.3 TECHNISCHER DIENST

ter 3 steht ein BMW 525i von 1987 zur Verfügung. Bis 1978 standen in zwei Generationen Abschleppanhänger zur Verfügung, die durch den Wechselladeraufbau Mulde 6/3 ersetzt wurden. Der erste Abschleppanhänger ABA war ein Eigenbau von 1958, der Nachfolger war ein Weser III der Hofseß KG aus dem Jahre 1969.

Abt. 37.33 Atem- und Strahlenschutz, Meßgerätewerkstatt

Die Hauptaufgabe der Abteilung 33 besteht in der Wartung und Pflege sämtlicher Atemschutzgeräte, Masken und Schutzanzüge. 322 Preßluftatmer PA 58/1600, 380 Preßluftatmer PA 80, 52 Langzeitgeräte BG 74, 1500 Masken und 39 Vollschutzanzüge werden von hier aus gewartet. Ebenfalls werden hier sämtliche medizinischen Geräte überwacht, geprüft und repariert. Diese Palette reicht vom Transportinkubator über Beatmungsbeutel bis hin zur Spritzenpumpe.

Mit Eröffnung der Feuerwache 7 in der Nordweststadt im Jahre 1968 wurde auch die Atemschutzübungsstrecke in Betrieb genommen, und jeder Feuerwehrmann absolviert die Strecke einmal jährlich. Auch die Lehrgänge für Atemschutzgeräteträger werden hier durchgeführt. Die Übungsstrecke wurde 1993 generalüberholt und modernisiert. Schwierigere Übungssituationen wurden eingebaut.

Die Strecke auf drei Ebenen ist insgesamt 133 m lang. Übungsrohre, eine Dunkelstrecke als verschlossene Kammer, eine auf 100°C aufheizbare Hitzestrecke, mehrere Durchstiege mit Deckel, Schiebe- und Halbgitter und eine Nebelmaschine bilden „Schikanen", die der

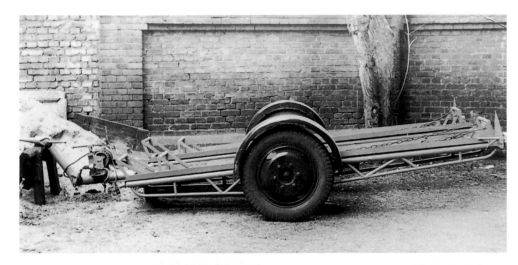

196 *Der erste Abschleppanhänger ABA, ein Eigenbau von 1958. Ab 1969 lief ein ABA von Hofseß, Typ Weser III, der 1978 durch einen WLA Mulde ersetzt wurde.*

197 *Wechselladeraufbau WLA Tankstelle Esterer von 1986 für je 2500 Liter Diesel- und Ottokraftstoff.*

ABTEILUNG 37.3 TECHNISCHER DIENST

198 *Von der Abteilung Technik wurden 1995 sechs Ford Fiesta 1,8 D als Ersatz für die VW Polo beschafft.*

199 *In der Atemschutzübungsstrecke absolvieren die Probanden unter ärztlicher Aufsicht zuerst 2 Minuten lang 190 Watt Leistung.*

Feuerwehrmann meistern muß. Vor dem Durchgang werden auf einem Fahrradergometer 2 Minuten lang 190 Watt Leistung unter ärztlicher Aufsicht erbracht. In der Strecke müssen an einem Schlaggerät 20 x 50 kg Gewicht gezogen werden, und 60 m Laufband mit einer Geschwindigkeit von 5 km/h werden „erwandert". Am Streckenende gelangt der Feuerwehrmann über eine Rutsche wieder auf den Boden der Tatsachen.

200 *In der Kriechstrecke von 133 Meter Länge muß der Feuerwehrmann ein Rohr durchkriechen. Der Durchmesser ist so bemessen, daß man das Atemschutzgerät abnehmen und vor sich herschieben muß.*

201 *„Erwandern" von 60 Metern auf dem Laufband bei einer Geschwindigkeit von 5 km/h.*

Abt. 37.34 Nachrichten- und Elektrotechnik

Die Alarmierung bei Feuer ist wesentlich älter als das organisierte Feuerlöschwesen selbst. Türmer wachten über die Städte und zeigten Feuer an in der Stadt oder Feind vor der Stadt. Allein auf dem Frankfurter Dom versahen ca. 600 Jahre lang Türmer ihren Dienst. Ein besonderes Gewicht kam dem Domtürmer zu, als im Jahre 1514 der Domturm, in Frankfurter Mundart der „Parrthorn", eingeweiht wurde. Bot doch dieser Platz in 70 m Höhe einen guten Überblick über die gesamte Stadt und das Umland. Einen großen Fortschritt in der Nachrichtentechnik brachte die Erfindung des Morsetelegraphen durch Siemens.

Die Feuerwehr machte sich diese Nachrichtentechnik schnell nutzbar. Feuertelegraphen lassen sich erstmals 1851 in Berlin nachweisen. 1862 folgte Frankfurt per Magistratsbeschluß. 1865 konnte auf dem Domturm der erste Feuermelder, ein Zeigertelegraph, in Dienst gehen. Ein Frankfurter Mechanikermeister namens Fritz konstruierte dieses Gerät. 1867 meldete diese Anlage ein Feuer im eigenen Hause, nämlich den großen Dombrand vom 14./15. August 1867. Der Zeigertelegraph verbrannte samt zweier jungen Burschen, die das Gerät bergen wollten. Ab 1872 wurden in der Stadt öffentliche Feuermelder im Abstand von 500 Metern errichtet. Zuerst als Liniensystem gestaltet, wurde später auf das heute noch gebräuchliche Schleifensystem nach dem Ruhestromprinzip umgerüstet. Ab dem 1.4.1907 übernahm die Branddirektion vom Hochbauamt das Feuermeldewesen und die Geburtsstunde der heutigen Abteilung 37.34 hatte geschlagen. Gleichzeitig geschah die Umstellung auf öffentliche Säulenfeuermelder, von denen auch gleichzeitig ein Taxi gerufen werden konnte. Besonders brandgefährdete Anlagen wie Theater oder Fabriken besaßen damals schon automatische Brandmeldeanlagen. Bis 1960 liefen die Feuermeldungen in einem Morseapparat auf und mußten erst entschlüsselt werden. Ab 1960 wurde die Meldung auf einem Tableau mit Ziffernanzeige und Bandschreiber dargestellt, und ab 1980 folgte die Umstellung auf das digitale System Siemens SM 80. Gleichzeitig verschwanden die öffentlichen Feuermelder aus dem Straßenbild. Heute gibt es nur noch Privatmelder in Liegenschaften wie Theater, Hotels usw. Öffentliche Feuermeldung ist in Telefonzellen per Notrufmelder zur Feuerwehr/Polizei oder per Rufsäule möglich. Die Zahl der privaten Melder stieg ständig (1059), zehn Notrufleitungen 112 wurden geschaltet, 113 Rufsäulen und 328 Notrufmelder in Telefonzellen sowie 163 Notruftelefone garantieren den öffentlichen Notruf (alle Daten 1993). Bei den Melderleitungen unterscheidet man angemietete Postleitungen und das stadteigene Netz, dessen Betrieb und Wartung von der Abt. 34 durchgeführt wird. Speziell ausgerüstete Fahrzeuge stehen für Wartung und Betrieb sowie das Verlegen ober- oder unterirdischer Leitungen der Feuermeldeanlagen bereit. Früher verliefen die Fermeldeleitungen oberirdisch, und es mußten auch Telegraphenmasten aufgestellt werden. Ein weiteres Standbein dieser Abteilung sind die Funkwerkstätten, in denen die 246 Fahrzeug-Funkstationen und 12 ortsfeste Stationen technisch betreut werden. 187 Handsprechgeräte sowie 846 Funkmeldeempfänger, 51 Telefaxgeräte und Autotelefone gehören ebenfalls zum Aufgabenbereich.

202 *Der Säulenfeuermelder von 1910 diente gleichzeitig als Taxiruf.*

Die Fahrzeuge der Abteilung 37.34

Anhänger

Als erstes seien die heute nicht mehr benötigten Langholznachläufer genannt. Ca. 1950 wurde in Eigenbau der erste Anhänger gefertigt, der 1962 von einem Hofseß-Anhänger ersetzt wurde. Ferner gab es mehrere Fernmeldebauwagenanhänger der Firma Westfalia aus dem Jahre 1939. Einbuchtungen an den Seiten, vermutlich für Schlauchhaspeln, lassen den Schluß zu, daß es sich um umfunktionierte Tragkraftspritzenanhänger aus Kriegsbeständen handelte. Für den Transport von Erd-

ABTEILUNG 37.3 TECHNISCHER DIENST

203 *Oberbrandrat Herth erklärt die 1865 speziell für Frankfurt konstruierten Zeigertelegraphen. Diese Geräte waren auf dem Pfarrturm und der Feuerwache Münzgasse stationiert. Hier handelt es sich um funktionstüchtige Nachbauten anläßlich einer Ausstellung.*

kabelrollen wird ein Kabelanhänger der Lancier KG von 1993 verwendet. Der Vorgänger war ebenfalls ein Lancier aus dem Jahre 1971. Für das Aufbrechen von Straßenbelägen und hartem Erdreich steht ein Kompressoranhänger KA bereit. Das erste Gerät war ein FMA Pokorny von 1956, 1980 abgelöst von einem Mannesmann-Demag-Anhänger.

Leiter DL 10 und Gelenkmast GB 10

Ab 1964 diente eine handbetätigte Drehleiter DL 10 auf VW 26 mit 10 m Steighöhe den Arbeiten an Masten. 1972 folgte auf Hanomag F 45 ein Gelenkmast (GB 10), Gelenkarmlänge 10 m. Die GB 10 wurde 1984 vom Fernmeldebauwagen FBW 4, Mercedes MB 608 D Kasten mit Ruthmann-Steiger, 11,7 m Gelenkarmlänge, abgelöst. Der Vorteil ist, daß dieses Fahrzeug sowohl als Werkstattwagen wie als Hubsteiger genutzt werden kann. Das Fahrzeug konnte auch von fotografierenden Autoren dankenswerterweise für „Luftaufnahmen" ausgeräumter Fahrzeuge mitbenutzt werden.

Personenkraftwagen, Pkw und Gerätewagen GW

Dem Sachgebietsleiter stand von 1981-1994 ein BMW 520 i zur Verfügung. 1994 wurde das Fahrzeug durch einen Unfall schrottreif und wurde nicht ersetzt. VW-86 C Polo von 1983 und 1985 laufen als Pkw 4,5,9 und 10. Ein Opel Kadett Caravan von 1990 fungiert als Gerätewagen GW 9. Kleingeräte und Werkzeug können im Heck der Fahrzeuge verlastet werden, und es werden mit diesen GW/Pkw mobile Wartungsarbeiten an Fernmeldeanlagen vor Ort getätigt.

Fernmeldebauwagen FBW 1-4

Seit nach dem Krieg gibt es die Fernmeldebauwagen FBW ergänzt durch die Fernmeldebauwagenanhänger FBWA. Die Fahrzeuge dienen der Betreuung des unterirdischen Kabelnetzes. 1950 gab es einen FBW, ab 1957 waren es zwei Fahrzeuge, und ab 1979 liefen 3 FBW parallel. 1983 gesellte sich der FBW 4 hinzu, der die Aufgaben des Gelenkmastes GB 10 übernahm.

FBW 1	
ehemaliges LF ca.	1950
MB OM 319	1960
VW-Bus Typ 2	1969
VW LT 31 Pritsche mit Ladekran	1980
MB 409 D Doppelkabine, Ladebordwand	1989
FBW 2	
ehemaliger Krankenwagen VW Typ 1	1957
VW Typ 1	1963
MB 406 D Kasten	1969
VW LT 31 Kasten	1976
MB 307 D Kasten, Hochdach	1985
FBW 3	
VW Typ 2	ab 1971 GW ab 1979 FBW mit Fenstern
MB 307 D Kasten	1983
FBW 4	
MB 608 DKA Ruthmann-Steiger 11,7 m	

204 *Ein Langholznachläufer (Eigenbau, 1950) zum Transport der Telegraphenmasten für oberirdisch verlegte Feuermeldeleitungen*

205 *Der Nachfolger des ersten Anhängers von Hofseß (1962)*

ABTEILUNG 37.3 TECHNISCHER DIENST

206 *Kompressoranhänger Mannesmann-Demag (1980) und Kabelanhänger Lancier (1971).*

207 *Drehleiter DL 10 auf VW 26 von 1964 zum Arbeiten an Masten etc.*

208 *Gelenkmast GB 10 auf Hanomag F 45 von 1972. Ausgestattet mit blauer Blinkleuchte, diente das Gerät auch als Alarmfahrzeug.*

111

ABTEILUNG 37.3 TECHNISCHER DIENST

209 1984 löste der Kastenwagen MB 609 D mit Ruthmann-Steiger (11,7 Meter Armlänge) den Gelenkmast ab und fungiert als Fernmeldebauwagen FBW 4. Hier mit Besatzung und Ausrüstung.

210 FBW 1 auf MB 409 D mit Doppelkabine, Pritsche und Plane sowie einer Ladebordwand (1989)

211 Fernmeldebauwagen auf VW Typ 1 von 1963. Dieses Fahrzeug ist der zweite von fünf FBW 2 in Reihenfolge.

212 FBW 2 auf MB 307 D (1985) mit der Besatzung und der umfangreichen Beladung für unterirdische Kabelanlagen. Links im Hintergrund der Kabelanhänger.

Abteilung 37.4 Ausbildung und Umweltschutz

Jede große Feuerwehr hat eine eigene Feuerwehrschule. Früher als Sachgebiet 37.22 bei der Abteilung Einsatz und Organisation integriert, bildet das Sachgebiet 37.4 seit dem 1.6.94 eine eigene Abteilung. Die Ursprünge sind natürlich auch hier recht bescheiden. Die Ausbildung war auf der Feuerwache 6 in Sachsenhausen untergebracht, maximal zwei Ausbilder machten Dienst. Es wurden Grundausbildungs-, Maschinisten- und Brandmeisterlehrgänge veranstaltet. Die Lehrer der Meisterlehrgänge waren meist „Gastdozenten" verschiedener Gebiete, die das Ausbilderteam ergänzten. Ein zweites Standbein der Abteilung ist die Fahrschule, früher mit einem Fahrlehrer, jetzt mit zwei Kräften besetzt. Die ständig steigenden Anforderungen ließen einen geregelten Unterrichtsbetrieb in der fast provisorischen Abteilung nicht mehr zu. Zuerst siedelte die Fahrschule 1970 auf die Feuerwache 5 in Nied um. Die gesamte Ausbildungsabteilung wurde 1980 in das Technik- und Ausbildungszentrum Hanauer Landstraße verlegt. Auch wuchs die Zahl der Lehrkräfte, die Abteilung wurde ab 1980 von einem Brandoberrat geleitet. Ab 1992 wurde die Rettungsassistentenschule angegliedert. Drei hauptamtliche Lehrkräfte sind dort tätig. Jeder Berufsfeuerwehrmann absolviert die Rettungssanitäterprüfung. Ab 1.6.94 wurde das Sachgebiet 22 zur eigenständigen Abteilung 4. Es gesellte sich das Sachgebiet Umweltschutz hinzu. Von hier aus wird das Personal des Atem- und Umweltschutzzuges koordiniert und ständig geschult. Ein Brandoberrat als Abteilungsleiter, 16 Beamte und zwei Sekretärinnen bilden das Personal, man vergleiche mit den Anfängen.

1994 wurden folgende Lehrgänge abgehalten:

Grundausbildung BF	35 Teilnehmer
Grundausbildung FF	60 Teilnehmer
Atemschutz FF	60 Teilnehmer
Motorsägenführer FF	60 Teilnehmer
Truppführer FF	30 Teilnehmer
Fahrschule Kl. II BF	60 Teilnehmer
Fahrschule Kl. II FF	12 Teilnehmer
Sprechfunker FF	20 Teilnehmer

Die Grundausbildung der Berufsfeuerwehr enthält automatisch den Atemschutzlehrgang, bis zur Brandmeisterprüfung ist die Ausbildung zum Rettungssanitäter abgeschlossen. Ab 1.4.95 ist die Laufbahnverordnung geändert worden und schließt mit der Obermeisterprüfung ab. Die allgemeinen Grundlagen werden auf der Feuerwehrschule Kassel vermittelt (2 Monate), danach schließt sich eine fünfmonatige feuerwehrtechnische Ausbildung in Frankfurt an, danach folgt ein Praktikum auf den Wachen. Selbstverständlich gehört auch hier der Rettungssanitäter dazu. Nach 24 Monaten schließt die Ausbildung mit der Oberbrandmeisterprüfung ab.

213 *Ausbildung am klassischen Sprungtuch. Mit der Einführung der Sprungretter ist dieses Gerät vollständig aus den Löschzügen verschwunden.*

Der Fahrzeugpark der Abteilung 4

An Ausbildungsfahrzeugen ist die Abteilung mit den in den Löschzügen gängigen Geräten ausgestattet, die bereits ausführlich im Band 1 beschrieben wurden.

Ferner gehören zum Fahrzeugpark ein Pkw Opel Kadett Caravan von 1991, die MTF 14 und 15, beide VW-Busse von 1987 und 1992, wobei eines der Fahrzeuge als Fahrschulwagen ausgerüstet ist. Es gibt zwei Fahrschulzüge auf MAN-Fahrgestell von 1974 und 1991, wobei das Fahrschulfahrzeug von 1974 das dienstälteste Fahrzeug der BF ist. Die Fahrschulfahrzeuge sind neutral in RAL 3000 gehalten, es gibt keine Beschriftung. Bevor der zweite Fahrschulzug in Dienst gestellt wurde, fungierte zeitweise ein Wechselladerfahrzeug als Fahrschulwagen.

Der Vorgänger des Fahrschulwagens von 1974 war ein MAN 415 H von 1963 mit offener Pritsche mit einer 7-sitzigen Mannschaftskabine. Alle Fahrschul-Lkw müssen mit einem Betongewicht auf der Pritsche beladen sein, da sie in unbeladenem Zustand zu leicht sind. Mit den zur Verfügung stehenden Großanhängern wird auch das Fahren von Zügen gelernt.

Heutiger Fahrzeugbestand:

Pkw 14 Opel Kadett Caravan	1991	
MTF 14 VW Bus	1987	
MTF 15 VW Bus	1982	Fahrschule
RTW 19 MB 307 D	1983	
HLF 9 MB 1222/Ziegler	1992	
HLF 14 MB 1222/Rosenbauer	1987	
DLK 2 Mag. 170 D 12 F	1980	
GW 8 MAN 19.332 HLL	1991	Fahrschule, verlängerte Kabine, Pritsche/Plane
GW 22 MAN 415 H	1974	Fahrschule, Pritsche
Hänger Kässbohrer	1991	Pritsche/Plane
Hänger Kässbohrer	1992	Pritsche

ABTEILUNG 37.4 AUSBILDUNG UND UMWELTSCHUTZ

215 *Fahrzeuge der Abteilung 37.41, Ausbildung, von links nach rechts: HLF 16 Magirus/Rosenbauer 192 D 12 (ausgemustert), HLF 16 MB 1222 36 AK/Rosenbauer (1987), DLK 23-12 mit einhängbarem Korb Magirus F 170 D 12 (1980), HLF 24 MB 1222 AF 38/Ziegler (1992), RTW 19 MB 307 D (1983) und MTF 14 Fahrschule VW Typ 3 Caravelle (1987).*

214 *Feuerwehrmann-Prüfung mit tragbaren Leitern. Links die vierteilige Steckleiter, in der Mitte die dreiteilige Schiebleiter, rechts davon eine Hakenleiter, ganz rechts Prüfung im Retten und Selbstretten, hier das Ableinen aus der dritten Etage.*

216 *Fahrschulwagen MAN 415 H mit siebensitziger Mannschaftskabine (1963)*

217 *Die zwei Fahrschulzüge für die Klasse 2. Im Vordergrund der GW 22 MAN 415 H von 1974 mit Anhänger von Kässbohrer (1992), dahinter GW 8 MAN 19.332 HLL mit Fernfahrerhaus von 1992 mit Kässbohrer-Anhänger von 1991. Der Zug ist mit Pritsche und Plane ausgestattet.*

Krankentransport und Rettungsdienst

Der Schweizer Schriftsteller und Philantroph Henry Dunant regte 1863 unter dem Eindruck der Schlacht von Solferino die Gründung der humanitären Organisation Rotes Kreuz an, woraus die Bildung eines Internationalen Komitees vom Roten Kreuz hervorging und daraus die Genfer Konvention entstand. Anfangs nur für die Hilfe bei kriegerischen Auseinandersetzungen gedacht, entwickelte sich diese Organisation sehr schnell auch zur Hilfsorganisation auf dem zivilen Sektor. Neben den vielfältigen Hilfsaufgaben gehörte auch

218 *Die Pferdekutsche nach Landauer Art als Krankentransportfahrzeug der Branddirektion auf der Feuerwache Burgstraße zur Jahrhundertwende. Auf dem Kutschbock links der Kutscher, rechts der Heilgehilfe (ein Ausdruck, der sich bis in die siebziger Jahre hielt).*

219 *Das Innenleben der Kutsche. Im Bildhintergrund die Pferderemise der Wache Burgstraße. Diese Art des Krankentransportes oblag der Feuerwehr Frankfurt von 1899 bis 1915. Wann die Motorisierung im Krankentransportwesen genau einsetzte, ist unbekannt.*

220 *Die Mannschaften und Fahrzeuge des Roten Kreuzes, die am 1.4.1950 von der Branddirektion übernommen wurden.*

221 *Mitarbeiter der Krankentransport-Leitstelle im Steigeturm der Feuerwache Burgstraße. Es handelt sich um übernommene Kollegen des Roten Kreuzes. In der Bildmitte auf dem Schreibtisch Schiebetäfelchen als Fahrzeugstand-Anzeige. Dieser „Holzcomputer" leistet auch heute noch treue Dienste, wenn in der modernen Leitstelle der Rechner abstürzt.*

der organisierte Krankentransport zur Aufgabenstellung der Organisation. Es galt, verletzte und kranke Personen in die Obhut von Krankenhäusern zu transportieren, und gerade in den Großstädten mit ihrer geballten Bevölkerungszahl und den Wohnproblemen sowie der wachsenden Industrialisierung mit diversen Unfallgefahren galt es, mit gezielter Hilfe parat zu sein. So auch in Frankfurt. Von 1896 bis 1915 wurde der Krankentransport von der Berufsfeuerwehr Ffm durchgeführt, und zu diesem Zweck standen zwei Pferde aus dem damaligen Kontingent bereit und zogen die entsprechenden Transportfahrzeuge. Anschließend kam der Krankentransport in die Hände des Roten Kreuzes, und nach der Machtergreifung der Nationalsozialisten wurde im Februar 1938 das RK mit der „Wahrnehmung des gesundheitlichen Rettungsdienstes in allen seinen Teilgebieten" beauftragt. 1942 wurde das Rote Kreuz reichseinheitlich mit sämtlichen Krankentransportaufgaben beauftragt. Nach Kriegsende bestimmten die Besatzungsmächte die Zuständigkeit des Krankentransportes. Im Bereich der englischen Besatzung wurde das Aufgabengebiet den Feuerwehren zugeordnet (z.B. Nordrhein-Westfalen).

In der amerikanischen Besatzungszone (Hessen, Bayern) übernahm wiederum das Rote Kreuz den Kranken-

KRANKENTRANSPORT UND RETTUNGSDIENST

transport. So war es auch in Frankfurt. Jedoch führten personelle und organisatorische Probleme dazu, daß die Branddirektion am 1.4.1950 das gesamte Krankentransportwesen samt Personal und Fahrzeugpark übernahm und fortan in eigener Regie durchführte. Das führte natürlich auch zu einer Hintergrundlogistik in Form einer Leitstelle für den Krankentransport. Anfangs in dem Pförtnerhäuschen der Feuerwache Burgstraße untergebracht, konnte im Laufe der Zeit eine Krankentransportleitstelle im Steigturm der Feuerwache installiert werden. Es wurden Verbindungen zu allen Feuerwachen sowie den Krankenhäusern und der Polizei aufgeschaltet, mit Direktleitungen konnte die Verbindung zu den Stationen und Organisationen hergestellt werden. Erstmals war ein zentrales Leitstellensystem für den Rettungsdienst vorhanden. Zunehmende Aufgabenstellung zwang zum weiteren Ausbau des Transport- und Notfallrettungssystems. In Zusammenarbeit mit dem Amtsleiter Dipl.-Ing. Achilles, dem leitenden Polizeiarzt Dr. Kunz und in Zusammenarbeit mit der berufsgenossenschaftlichen Unfallklinik wurde ein Notarztwagenmodell entwickelt, das mit dem ersten Notarztwagen NAW am 8.6.1966 in Dienst ging. Weitere Notarztwagen in der Uni-Klinik und dem Städt. Krankenhaus Höchst folgten 1967 und 68. Dieses Modell machte Schule, und NAW-Systeme gehören heute zur Tagesordnung in Stadt und Land. Gleichzeitig fanden ab 1968 in Frankfurt und München Versuche mit einem Luftrettungssystem statt, aus dem das flächendeckende Rettungshubschraubernetz hervorging. Nach München wurde am 15. August der Rettungshubschrauber „Christoph 2" in Dienst gestellt, er bedeutet eine wertvolle Ergänzung des Notfallrettungssystems.

Die landgebundenen Rettungsmittel können einen Einsatzort innerhalb von 10 Minuten erreichen, da Rettungswachen und NAW-Stützpunkte dezentralisiert den geographischen Gegebenheiten der Stadt angeordnet sind. Nach wie vor leitete die Krankentransportleitstelle in der Feuerwache Burgstraße den Einsatz der Rettungsmittel; dieses Aufgabengebiet wurde mit Indienststellung der Leitfunkstelle Rhein-Main von dort übernommen, und es wird rechnergestützt gearbeitet.

Gleichzeitig wird von der zentralen Leitstelle seit drei Jahren der gesamte Bereich der speziellen Sekundärtransporte für das Bundesland Hessen koordiniert und überwacht. Auch ausbildungsmäßig mußte das Personal entsprechend den immer mehr steigenden Anforderungen geschult werden. Lange bevor es die landes- und bundesweite Ausbildung zum Rettungssanitäter gab, wurden in Frankfurt bereits Intensivkurse für Sanitäter während der Feuerwehr-Grundausbildung durchgeführt. Diese Ausbildung stand unter Aufsicht des Medizinaldirektors der Polizei, Dr. Kunz. Nach der Grundausbildung absolvierte der Feuerwehrmann ein klinisches Praktikum in der Universitätsklinik und leistete dort Dienst in der chirurgischen Poliklinik, um Notfälle kennenzulernen, und wurde in der OP-Abteilung in die Grundkenntnisse der Anästhesiologie eingeführt. Gleichzeitig wurde eine Ausbildung in Geburtshilfe durchgeführt, ebenfalls in der Klinik. Bereits 1935 schickte der Branddirektor Linn aus Wuppertal seine Feuerwehrleute in Kliniken, um Geburtshilfe zu erlernen. Somit war Frankfurt wiederum Vorreiter, diesmal in der Ausbildung der Krankenwagenbesatzungen, lange bevor es zum heute üblichen System der Ausbildung zum Rettungssanitäter (seit 1975) kam.

Ab Anfang der siebziger Jahre änderte sich das Krankentransport- und Rettungswesen wiederum stufenweise. Die Hilfsorganisationen wurden in das Rettungssystem eingebunden und übernahmen 20% des Transportaufkommens von ca. 100 000 Transporten pro Jahr. Ab 1992 folgte die Aufteilung 40/60 Organisationen/BF, und ab 1992 liegen 80 % des Transportaufkommens bei den Sanitätsorganisationen; die originäre Aufgabe der Berufs-

222 *Die modernen Rettungsdienst-Fahrzeuge im Jahre 1994 vor dem hundertjährigen Branddirektorhaus der Wache Burgstraße. Von rechts nach links: Krankentransportwagen KTW MB 124 D, Rettungswagen RTW MB 310 D, RTW MB 609 D (Reserve NAW) und Notarztwagen NAW MB 711 D.*

KRANKENTRANSPORT UND RETTTUNGSDIENST

223 *Krankenwagen KW 2, VW Typ 1 von 1955, in Frankfurt der erste KW auf einem VW-Bus.*

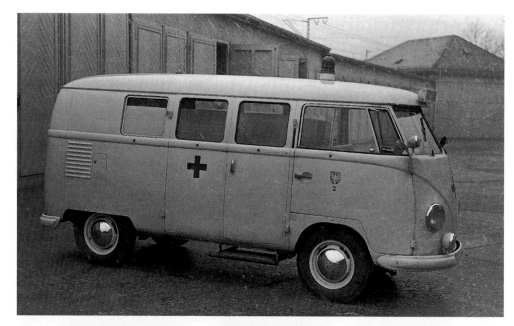

224 *KW 26, VW Typ 1 von 1964. Fahrzeuge dieses Typs liefen als „Zug-Krankenwagen". Auf dem Leuchtschild an der Front befand sich der Schriftzug „Unfallrettung".*

225 *Ein erster Krankenwagen auf MB 170 D von 1953 im Lieferzustand. Ein Vergleich mit Bild ...*

226 *zeigt, daß man schon damals mit der „Frankfurter Lackierung" experimentiert hat: Die Kotflügel waren rot abgesetzt, die Karosserie weiß. Das Fahrzeug hatte inzwischen auch ein Kuppelblaulicht und entsprechende Aufschriften erhalten.*

227 *Seinerzeit wurden altgediente Krankenwagen noch als Kurierfahrzeuge genutzt. Hier handelt es sich um den KW 14, umbenannt in Pkw 9, gleichzeitig als Fahrschulwagen eingesetzt.*

feuerwehr liegt bei reinen Notfalltransporten, die von Rettungswagen im Schichtdienst, Zug-Unfallrettungswagen in den Löschzügen, den Notarztwagen, dem Rettungshubschrauber, den neu geschaffenen Baby-NAW und dem Intensiv-Verlegungs-NAW (Inver-NAW) geleistet werden. Die Stadt Frankfurt a.M. ist Träger des Rettungsdienstes und hat diesen der Branddirektion übertragen. Die Berufsfeuerwehr Frankfurt ist – neben anderen – auch Leistungserbringer. Eingesetzt und koordiniert wird der gesamte Rettungsdienst von der Funkstelle Frankfurt, ob es sich um die Hilfsorganisationen oder um Notfallrettungsmittel in der Regie der Branddirektion handelt.

Am Rande des Rettungssystems wurden auf den Wachen 5 und 7 Desinfektionsanlagen eingerichtet, die der Desinfektion des Personals nach Infektionstransporten dienten. 1993 wurde die Desinfektion der Feuerwache 7 stillgelegt, während die Anlage der Wache 5 den modernsten Erfordernissen der Hygiene angepaßt wurde; nach wie vor werden alle Organisationen auch im Umland zentral versorgt. Diese Anlage teilt sich in unreine und reine Seite; es findet eine Desinfektion der Fahrzeuge, Geräte und Kleidung statt, und das Personal unterzieht sich einer intensiven Körperreinigung. Blickt man auf die Anfänge von 1950 zurück, kann gesagt werden, daß das Frankfurter Modell beispielhaft für den gesamten Rettungsdienst war und ist und im Laufe der Jahre viele Nachahmer gefunden hat. Allein mit der Entwicklung des Notarztwagenmodells wurde bahnbrechende Arbeit in Deutschland geleistet. Man kann zusammenfassend sagen, daß durch dieses Konzept schon viele Menschenleben gerettet werden konnten und sich somit jede investierte Mark gelohnt hat.

Auch ist nicht zu vergessen, daß dieses System nach wie vor ein finanzielles Zuschußgeschäft war. Mit Inkrafttreten des Hessischen Rettungsdienstgesetzes (HRDG) zum 01.01.1992 änderte sich auch die Finanzierungsgrundlage. Die Solidargemeinschaft der Krankenversicherten trägt die Gesamtkosten für den öffentlichen Rettungsdienst, die bei effizienter und wirtschaftlicher Leistungserbringung entstehen.

KRANKENTRANSPORT UND RETTUNGSDIENST

228 *Krankenwagen auf MB 190 C von Miesen aus dem Jahre 1964, kurzer Radstand und noch elfenbeinfarben.*

229 *KW 21, MB 200 D von 1966*

230 *RTW 6 auf MB 200 D/ Miesen aus dem Jahre 1966. Dieses Fahrzeug war der erste RTW (damalige Bezeichnung), der 1971 in Leuchtrot/Weiß umlackiert wurde.*

KRANKENTRANSPORT UND RETTUNGSDIENST

231 KTW auf MB 240 D von Binz (1985)

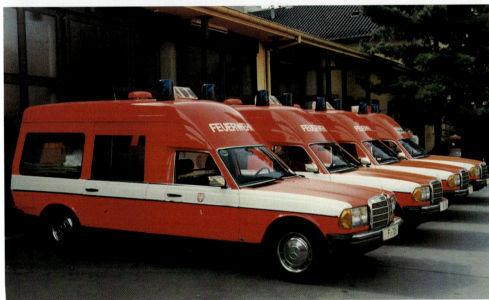

232 Nebeneinandergestellt erkennt man die windschnittige Form der 240er. Auf dem Dach nun Warnanlagen von Wandel und Goltermann.

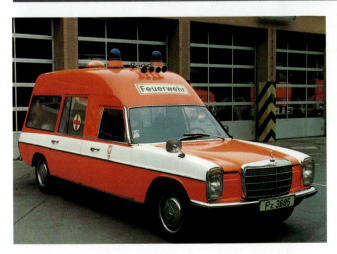

233 RTW 19 auf MB 220/8 von Binz in „Hoch/Lang-Ausführung" aus dem Jahre 1976. Diese Serie gab es ab 1971. Erstmals ausgerüstet mit zwei Rundumkennleuchten, dazwischen die trompetenförmigen Martinshörner. Die Rot/Weiß-Lackierung mit leuchtroter Farbe war jetzt für Frankfurt obligatorisch.

234 Der KTW 23 auf MB 250 D (124 D) von Binz (1988). Im Vordergrund eine Vakuummatratze, die Ferno-Roll-In-Trage sowie der Notfallkoffer nach DIN. Das hintere Heckfenster ist abgedeckt, innen befindet sich an der Stelle ein Medikamentenschrank. Das gezeigte Fahrzeug stellt die aktuelle Generation an Krankenwagen in Frankfurt dar.

KRANKENTRANSPORT UND RETTUNGSDIENST

235 *Das Clinomobil VW 21-222 von 1966. Man kann das Fahrzeug, in dem ein Arbeiten am Patienten stehend möglich ist, als Vorläufer der genormten Rettungswagen bezeichnen.*

236 *RTW 42 auf MB L 409 von 1975. Der Ausbau des Patientenraumes erfolgte in feuerwehreigenen Werkstätten.*

237 *RTW 1 auf VW LT 31 von Binz (1978). Gut zu erkennen die großzügig dimensionierte Schiebetüre als Seiteneingang zum Patientenraum.*

KRANKENTRANSPORT UND RETTUNGSDIENST

238 *RTW 12 auf VW LT 31 von 1980, ein „Benziner". Noch sind die Beschriftungen sehr sparsam gehalten, so daß man von außen nicht erkennen kann, um welches Fahrzeug es sich handelt.*

239 *Die Feuerwache Burgstraße besaß eine beachtliche Flotte von RTW auf VW LT-Fahrgestellen. Dazwischen ganz verschämt ein herkömmlicher KTW.*

240 *RTW 45, MB 310 D von Binz (1990) mit seiner umfangreichen Ausrüstung: Notfallkoffer DIN 13 232, Kinder-Notfallkoffer DIN 13 233, Defibrillator-EKG, Beatmungsgerät Oxylog, Spritzenpumpe, Vakuummatratze und vieles mehr.*

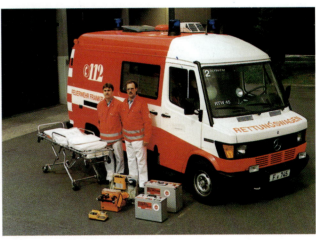

241 *Der RTW 45 mit Besatzung. Vorläufer waren baugleiche Fahrzeuge auf MB 310 D von Binz. Beschafft wurden diese Fahrzeugtypen zwischen 1980 und 1990.*

242 *RTW 15 auf MB 609 D von Binz als Zug-Rettungswagen (Z-RTW) der Wache 2. Das Fahrzeug fungiert gleichzeitig als Reserve-NAW.*

243 *RTW 15 mit Besatzung. Das Personal ist als Rettungssanitäter bzw. Rettungsassistent ausgebildet. Alle gezeigten RTW der neuen Generation verfügen über die gleiche Ausrüstung.*

KRANKENTRANSPORT UND RETTUNGSDIENST

244 *Der neueste RTW der Branddirektion auf einem MB 312 D Sprinter mit Binz-Aufbau. Von diesem Typ wurden drei Fahrzeuge bestellt und gingen bis Ende 1995 in Dienst.*

245 *Der Großraumkrankentransportwagen GKTW hieß in Frankfurt 1956 noch Krankenbus KB. Es handelte sich um einen MB O P 311 mit Miesen-Ausbau. Der Bus hatte 29 Sitzplätze, alternativ 7 Sitz- und 12 Liegeplätze.*

246 *GKTW auf Iveco-Magirus L 117 von Binz (1980), für 19 sitzende oder 6 liegende Patienten oder 9 Rollstühle eingerichtet. Es sind auch verschiedene Kombinationen möglich. An der hinteren Türe erkennt man den Hublift für Rollstühle. Die Ausrüstung ist recht umfangreich und enthält ein Großunfallset sowie Klapptragen, Notfallkoffer, Verbandsmaterial, Beatmungsbeutel und vieles mehr.*

KRANKENTRANSPORT UND RETTUNGSDIENST

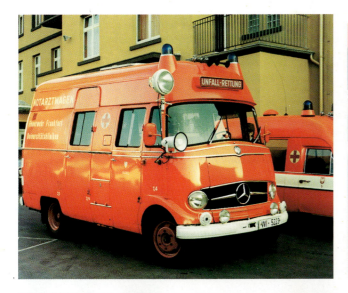

247 *NAW 6 der Universitätskliniken. Das Fahrzeug, ein MB 408 D von Miesen aus dem Jahre 1967, war das Schwesterfahrzeug des ersten NAW der Unfallklinik von 1966. Das Unifahrzeug wurde vom KatS des Landes Hessen finanziert und trägt deshalb auch das Kennzeichen der Landeshauptstadt Wiesbaden.*

248 *Ein MB 408 D von Miesen (1972) als NAW 5 in zweiter Generation*

249 *NAW 6 auf MB L 508 D von Binz (1975) mit langem Radstand. Man beachte den Arbeitsstellenscheinwerfer mit Außenlautsprecher, eine einmalig verwendete Konstruktion. Es ist die zweite Generation von NAW 6.*

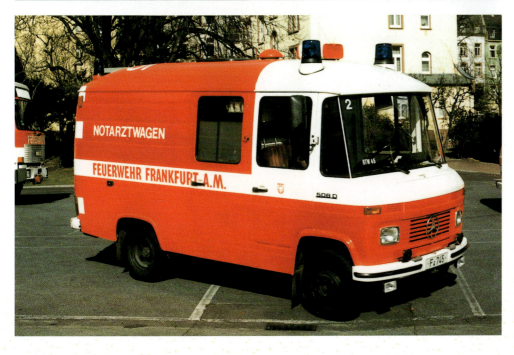

250 *NAW 5 in dritter Generation auf MB L 508 D von Binz (1980). Später wurde das Fahrzeug auf der Feuerwache 2 als Zug-Rettungswagen und Reserve-NAW 2 genutzt.*

KRANKENTRANSPORT UND RETTUNGSDIENST

251 *NAW 6 auf MB 508 D von Binz (1981) mit langem Radstand, dritte Generation. Auch dieses Fahrzeug lief anschließend als Zug-Rettungswagen und Reserve-NAW.*

252 *Zwei Generationen NAW 5 in Heckansicht. Rechts MB L 508 D von Binz aus dem Jahre 1980, dritte Generation, und links MB L 508 D von Binz (1984) der vierten Generation. Äußerlich unterscheiden sich die Fahrzeuge vor allem durch den Radstand (links kurz, rechts lang).*

253 *Vorderansicht des NAW 5 in vierter Generation auf MB L 508 D von 1984.*

KRANKENTRANSPORT UND RETTTUNGSDIENST

254 *Erstmals in Deutschland kam ab 1984 ein Auwärter Neoplan Bus N 907 mit einem MB-Motor OM 352 und einem Binz-Aufbau zum Einsatz. Die Hinterachse war luftgefedert; es handelte sich um die fünfte Generation der NAW 2.*

255 *Die Heckansicht zeigt den hydraulisch absenkbaren Wagenboden mit Ablaufblech für die Ferno-Roll-In-Trage.*

256 *Der NAW 6, vierte Generation, ebenfalls ein Neoplan Auwärter N 907 von 1987, hat ein um 80 Zentimeter verkürztes Fahrgestell. Das Fahrzeug wurde 1994 umgebaut und ist seitdem als Intensiv-Verlegungs-NAW (Inver) unterwegs (siehe Bild 269).*

257 *NAW 5 auf MB 711 D von Binz (1991), kurzer Radstand, fünfte Generation*

KRANKENTRANSPORT UND RETTUNGSDIENST

258 NAW-5, stationiert am Städtischen Krankenhaus Höchst, mit Personal und Ausrüstung

259 NAW 2 in sechster Generation auf MB 711 D von Binz (1992), langer Radstand. Die Rettungsassistenten und der Notarzt können Notfall-Arztkoffer, Kinder-Notfallkoffer, Medumat-Elektronik-Spritzenpumpen, Defi-EKG und Beatmungsgerät auch außerhalb des Fahrzeugs direkt am Patienten einsetzen.

260 NAW-6, Daimler-Benz 714 D Automatic, Aufbau von Binz, stationiert bei der Frankfurter Uniklinik, mit Team und Ausrüstung. Das Fahrzeug ist der zur Zeit modernste Notarztwagen der Frankfurter Feuerwehr.

261 1979 wurde im Krankenhaus Hoechst ein halbes Jahr lang der SAVE (Schnelle Ambulante Vorklinische Erstversorgungs)-NAW getestet. Die Porsche AG entwickelte das Fahrzeug auf VW- bzw. Mercedes-Fahrgestell.

262 „First Responder System": neue Option für die Versorgung von Notfallpatienten. Einsatz des VLF mit RA und RS mit medizinischer Ausstattung.

263 Wechselladeraufbau Schnelleinsatzgruppe WLA SEG von Berger 1990 gebaut, mit Trägerfahrzeug. Vier Tragluftzelte können ca. 150 Patienten aufnehmen, und die Ausrüstung reicht, um zwei Löschzüge mit Rettungs- und Evakuierungsmaterial auszurüsten.

264 *Ambulanzanhänger AMBA, von Gaul (1982) mit Tragen und Notfallkoffern. Der AMBA gehörte zu dem baugleichen Anhänger-Programm der 16-Tonnen-Klasse und wurde per 1.6.95 außer Dienst gestellt.*

265 *Die SEG der BF in einem Übungseinsatz unter erschwerten Bedingungen*

266 *Nach einem Verkehrsunfall auf der Autobahn A 66 setzt Christoph 2 zur Landung an.*

267 *Seit 1972 ist der Rettungshubschrauber RTH Christoph 2, eine BO 105 CBS, an der Berufsgenossenschaftlichen Unfallklinik BGU stationiert (hier mit Personal – Pilot, Rettungsassistent, Arzt – und umfangreicher Ausrüstung).*

KRANKENTRANSPORT UND RETTUNGSDIENST

268 *Ein RTW MB 307 D von Binz aus dem Jahre 1985 wurde 1994 zum Baby-NAW umgerüstet. Das Fahrzeug ist auf der Wache 5 stationiert und wird mit einem Notarzt der Kinderklinik des Städtischen Krankenhauses Höchst besetzt.*

269 *1994 wurde der Neoplan NAW 6 – hier mit Personal und einem Teil der Ausrüstung – zum Intensiv-Verlegungs-Notarztwagen umgebaut. Zweck ist die Verlegung von Intensiv-Patienten als Sekundärtransport, um NAW und RTW für Primäreinsätze freizuhalten.*
270 *Zusätzlich zur NAW-Ausrüstung wurde der Inver-NAW zu einer rollenden Intensivstation ausgebaut.*
271 *Pkw der Abteilung 37.24, Rettungsdienst. Der BMW 318i von 1988 wurde aus Beständen des KatS übernommen. Er steht nicht nur dem Sachgebietsleiter der Abteilung 37.24 zur Verfügung, sondern auch dem leitenden Notarzt im Rettungsdienst.*

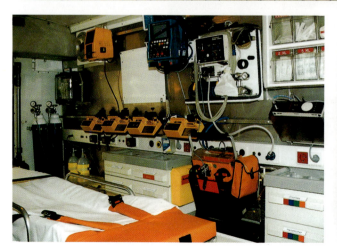

Die Freiwillige Feuerwehr Frankfurt am Main

Während Frankfurt im Mittelalter ca. 10 000 Einwohner zählte, wuchs die Stadt über die alten Stadtmauern hinaus, und um 1700 gab es bereits 23 000 Frankfurter Bürger. Im Zuge der Industrialisierung im vorigen Jahrhundert wurden viele Umlandgemeinden eingemeindet, so z.B. Bornheim (1877) und Bockenheim (1896). In dieser Zeit gab es bereits 229 279 Frankfurter Bürger. Zu allen Zeiten, ob Mittelalter oder zu beginnender Neuzeit, war der Ruf „Feuer" ein Schreckenswort für die Bürger. Jede mittelalterliche Stadt hatte ihre „Stadtbrände", die ganze Stadtteile in Schutt und Asche legten. Es gab weder ein organisiertes Löschwesen noch vorbeugenden Brandschutz, und ein Brand konnte in den verwinkelten Gassen mit Fachwerkhäusern große Verluste an Menschen und Bausubstanz fordern. Die Geschichtsschreibung verzeichnet für Frankfurt den „großen Judenbrand" 1711 mit dem Verlust von 400 Häusern im Judenviertel im Osten Frankfurts. 1719 folgte der „große Christenbrand" in der Innenstadt, dem 282 Menschen und 239 Häuser zum Opfer fielen. 1721 brannte es wiederum im Judenviertel, diesmal waren es „nur" 110 Häuser. Am 13.7.1796 gingen nochmals 140 Häuser in der Judengasse nach französischer Beschießung in Flammen auf. Den wohl größten Frankfurter Stadtbrand lösten die alliierten Bombenangriffe vom 18. und 22. März 1944 aus. Die gesamte Frankfurter Innenstadt mit ihren historischen Gebäuden ging in Flammen auf.

Zu dieser Zeit der Stadtbrände oblag der Brandschutz den Zünften. Wer zu reichsstädtischer Zeit das Bürgerrecht erhielt, mußte einwandfreie Herkunft, einen Beruf, feste Wohnung, Ausrüstung zur Stadtverteidigung und einen Löscheimer besitzen. Ließ der Domtürmer die Feuerglocke erschallen, eilten die Bürger mit ihren Löscheimern, Einreißhaken und Leitern zur Brandstelle und erfüllten ihre Bürgerpflicht der Nächstenhilfe (Leitern und Einreißhaken stellte die Stadt). Im 17. Jh. übernahm das Bürgermilitär den Brandschutz. Jedes der 14 eingerichteten Quartiere bildete eine „Kompanie". Das Bürgermilitär leistete den Umständen entsprechend Hilfe, jedoch gab es Mängel. Das veranlaßte den Fürstprimas des Rheinischen Bundes, Carl Theodor von Dalberg (1744-1844), anstelle des Bürgermilitärs eine Nationalgarde aufzustellen. Deren viertem Bataillon oblag der Brandschutz, kommandiert von Simon Moritz von Bethmann (1768-1826). 1842 standen mit dem Löschbataillon und nichtorganisierten freiwilligen Kräften ca. 3000 Mann für den Brandschutz bereit. Die nächste große Wende brachte das Revolutionsjahr 1848. Die Turnvereine unter Turnvater Jahn hatten von 1819 bis 1842 Turnverbot und engagierten sich mehr und mehr in Fragen des öffentlichen Lebens.

272 Heute schon historisch sind diese Fahrzeuge der Freiwilligen Feuerwehr, von links nach rechts. LF 16 Mercedes Benz L 3000 von 1957 (FF Unterliederbach); LF 16 Henschel Saviem Renault HS 11 HAK von 1962 (FF Enkheim); TLF 16 MB LF 322/36 von 1961 (FF Oberrad).

DIE FREIWILLIGE FEUERWEHR FRANKFURT AM MAIN

273 *Mannschafts-Transportfahrzeug der FF Rödelheim anno 1907. Man beachte die Aufnahmefähigkeit der Kutsche.*

Der Maschinenfabrikant Carl Metz (1818-1877) regte seinerzeit die Bildung von Löschvereinen an und rannte bei den Turnern offene Türen ein. Die Mannschaften nannten sich „Lösch-Verein", „Steiger-Kompanie", „Pompier-Corps" oder „Lösch- und Rettungsanstalt". Aus diesem Zusammenhang hervorgehend gründete sich 1848 die „Freiwillige Feuerwehr Frankfurt". Somit waren die Feuerwehrvereine, die sich dem Metzschen Gedankengut verschrieben, die ersten Bürgerinitiativen. 1859 wurde in der selbständigen Stadtgemeinde Rödelheim eine freiwillige Feuerwehr gegründet. 1994 konnten die Freiwilligen Feuerwehren Oberrad, Niederrad und Schwanheim ihr 125jähriges Bestehen feiern. Die erwiesenermaßen drittälteste Freiwillige Feuerwehr mit dem Gründungsdatum 1852 befindet sich in Frankfurt-Höchst, eingemeindet 1928. 1874 wurden neben dem Regulativ (Berufsfeuerwehr) Statuten der Freiwilligen Feuerwehr erlassen. Es war ein selbständiges Corps unter Führung eines Commandanten samt Adjutanten und Unterführern. Die FFW untergliederte sich in vier Bezirke mit 2 Zügen je 30-50 Mann mit einer Saugspritze und Rettungsgerätschaften. Im 51. Jahr ihres Bestehens löste sich die Freiwillige Feuerwehr Frankfurt aus unbekannten Gründen auf. 1910 waren insgesamt 11 Randgemeinden Stadtteile geworden, die Einwohnerzahl betrug nun 414 576 Personen. Sechs FFW und 11 Pflichtfeuerwehren wurden in das Feuerlöschwesen integriert. Der erste Weltkrieg verringerte den Personalbestand durch Einberufung erheblich. Die Pflichtfeuerwehr wuchs auf 850 Mann. Nach dem Kriege gründeten sich weitere Freiwillige Wehren, die westlichen Vororte brachten nach der Eingemeindung 1928 ihre Feuerwehren ein.

Am 15. Dezember 1933 wurde das „Gesetz über das Feuerlöschwesen" erlassen, und die gesamte Feuerwehr wurde in Feuerlöschpolizei umbenannt und in das Polizeisystem integriert. Später folgte der Begriff Feuerschutzpolizei, die Berufsfeuerwehrleute wurden zu Polizeivollzugsbeamten, die Freiwilligen hatten den Status einer Hilfspolizeitruppe. Eingeteilt waren die Freiwilligen in 12 Halbzüge, 9 Normalzüge und 8 Löschzüge mit zwei Halbzügen. Nach Kriegsende lag das gesamte Löschwesen darnieder, und ein mühevoller Aufbau unterstützt von Branddirektor Lomb (1945-1955) begann. Die FFW wurden nun seitens der Berufsfeuerwehr betreut. Der Name Freiwillige Löschgruppe FLG bürgerte sich ein. Die Wehren hatten einen schweren Stand. Es gab fast keine Fahrzeuge, und es fehlte an der notwendigsten Ausrüstung. Die Gerätehäuser, soweit nicht zerstört, waren in einem desolaten Zustand. Die FLG wurden zuerst mit ausgemusterten Fahrzeugen der Berufsfeuerwehr ausgestattet, bis 1965 ein Umbruch erfolgte. Die Wehren wurden großzügig mit Fahrzeugen des Zivilen Bevölkerungsschutzes ZB ausgerüstet. Waren die FLG mehr oder weniger das fünfte Rad am Wagen, sorgten der damalige Oberbranddirektor Achilles und der Kreisbrandinspektor Möller Anfang der siebziger Jahre für eine entscheidende Wende. Die Ausbildung wurde forciert, Sirenenalarm schrittweise durch Funkmeldeempfänger ersetzt. Es gab kommunale Neufahrzeuge zusätzlich zu den Fahrzeugen des ZB. Gleichzeitig wurden die Freiwilligen Feuerwehren in den Alarmplan aufgenommen. Wochentags von 18.00 – 6.00 Uhr und an Wochenenden rund um die Uhr werden die FFW mitalarmiert und arbeiten mit der Berufsfeuerwehr Hand in Hand. Heute gibt es 28 Freiwillige Feuerwehren in der Stadt, die im Ausbildungs- und Ausrüstungsstand mit der BF Schritt halten können. 1994 leisteten 794 aktive Mitglieder Dienst, davon 21 Frauen. Die Ausbildungszeit betrug für sämtliche Wehren 1994 mehr als 2000 Stunden. Einsätze bilden neben dem Ausbildungs- und Übungsdienst den Hauptschwerpunkt der Einsatzabteilungen.

Erwähnenswert ist, daß die damalige selbständige Gemeinde Bergen bereits 1944 eine Damenfeuerwehr besaß, und 1974 war der Feuerwehr des Stadtteils wiederum eine weibliche aktive Gruppe angegliedert. Die FFW Heddernheim besaß 1972 eine voll ausgebildete weibliche Feuerwehrgruppe mit 12 Mitgliedern, die sich jedoch wieder aufgelöst hat. Nicht zu unterschätzen ist die gesellschaftliche Stellung der Freiwilligen Feuerwehr in den Vereinsringen der Stadtteile, und es wird sich immer wieder an Veranstaltungen beteiligt, um den Wert für die Sicherheit der Bürger darzulegen.

Der Kreisfeuerwehrverband Frankfurt

1869 kam es zwischen den bezahlten Wachmannschaften und den freiwilligen Kräften bei einem Großbrand auf dem Liebfrauenberg in der Innenstadt zu Auseinandersetzungen. Die Freiwilligen schraubten dem Löschbataillon die Schläuche ab, um die eigenen Spritzen zu füllen. Das Ganze drohte in eine „gemütliche Keilerei" auszuarten. Ein Memorandum zeigte diese Zustände auf, und es wurde empfohlen, die einzeln agierenden Freiwilligen Feuerwehren überregional zu organisieren. Mit den Statuten der Freiwilligen Feuerwehr von 1874 wurde eine übergeordnete Organisation festgeschrieben, aus der der Stadtkreisfeuerwehrverband hervorging. Großen Aufwind bekam dieser Verband durch die Eingemeindungen von 1910 und 1928 und die Aufnahme der Freiwilligen Feuerwehren aus den neuen Stadtteilen.

Diese Dachorganisation der Frankfurter Feuerwehren war natürlich Mitglied im Nassauischen Feuerwehrverband mit einer Mitgliederzahl von 23 000 Mann. Die Wirksamkeit des Kreisfeuerwehrverbandes erlosch natürlich mit der Integration aller Feuerwehren in den Polizeidienst von 1933-1945. Am 20.10.1946 wurde der Kreisfeuerwehrverband neu gegründet, und ihm gehörten damals 1048 Mitglieder aus 21 Löschgruppen an. Am 1. Januar 1971 trat das Hessische Brandschutzhilfeleistungsgesetz in Kraft, und die heute üblichen Standards bei Ausrüstung und Ausbildung konnten gezielt in Angriff genommen werden, welches eine große Wende bedeutete. 1972 beschloß das Stadtparlament eine Satzung für die Freiwilligen Feuerwehren der Stadt Frankfurt. Die Aufgabenstellung lautet abwehrender Brandschutz und technische Hilfeleistung. Genau wie 1910 ist der Kreisfeuerwehrverband (KFV) Mitglied im Nassauischen Feuerwehrverband, und der wiederum ist Mitglied im Hessischen Feuerwehrverband. Dieser gehört dem Deutschen Feuerwehrverband als Dachorganisation aller Feuerwehren an.

Folgende Herren standen und stehen dem KFV bis heute vor:

Name	Dienstzeit	Dienstgrad
Carl Ranft	1868 – 1890	Commandant der Freiwilligen Feuerwehr
Eugen Röhm	1890 – 1896	Commandant der Freiwilligen Feuerwehr
Philipp Wilhelm, Beckenheim	1897 – 1924	Kreisbrandmeister
Franz Kahl, Rödelheim	1924 – 1934	Kreisverbandsführer und Kreisbrandinspektor ehrenhalber
Peter Ehry, Höchst	1934 – 1945	Kreisbrandinspektor
Andreas Bender, Rödelheim	1945 – 1957	Kreisbrandinspektor
Ludwig Eichhorn, Griesheim	1957 – 1965	Inspektionsleiter
Georg Herkner, Eschersheim	1965 – 1968	Inspektionsleiter
Helmut Möller, Heddernheim	1968 – 1981	Stadtbrandinspektor, erstmals Ehrenbeamter
Hans Wagner, Unterliederbach	1981 – 1985	Stadtbrandinspektor
Gerhard Weidhaas, Harheim	1985 – heute	Stadtbrandinspektor

Es hat sich gezeigt, daß gerade in den letzten 25 Jahren die Freiwilligen Feuerwehren Frankfurts unter der Obhut des Kreisverbandes zu einer schlagkräftigen Einheit geworden sind.

Der Stadtjugendfeuerwehrverband

1865 ist das erste belegbare Datum für eine Jugendfeuerwehr. Es handelte sich um die Gymnasialfeuerwehr in Wernigerode/Harz. Viele Schulen folgten diesem Beispiel, teilweise war Brandschutzunterricht an Schulen Lehrfach. Im ersten Weltkrieg dienten Jugendfeuerwehren zur Vorbereitung auf den Militärdienst. Nach dem Weltkrieg gab es nachweislich 54 Jugendfeuerwehren, die auf der Tradition der ersten Gymnasialfeuerwehr aufbauten. Während der Zeit des Dritten Reiches wurden HJ-Feuerwehren im Sinne des Luftschutzes und des Kriegseinsatzes genutzt. Nach dem Krieg bildeten sich wiederum einzelne Jugendgruppen, und 1964 formierte sich die Deutsche Jugendfeuerwehr als Dachorganisation für Jugendliche im Deutschen Feuerwehrverband. Es gilt, Feuerwehrausbildung im Sinne der Feuerwehr zu betreiben und andererseits breite Jugendarbeit zu gestalten. Dazu gehören z.B. sportliche und künstlerische Betätigung. Es wird Gruppenleben vermittelt (z.B. Wanderungen, Zeltlager), aber auch demokratisches Handeln als einzelner oder in Gruppen wird erlernt. Das Mitgliedsalter betrug anfangs 12-18 Jahre, das Eintrittsalter wurde später auf 10 Jahre herabgesetzt. Nicht nur Jugendarbeit bildet den Schwerpunkt, sondern auch die feuerwehrtechnische Ausbildung weckt Interesse am Einsatzdienst, und viele Jugendliche entscheiden sich später für den Einsatzdienst in der aktiven Abteilung. 1951 wurde in Frankfurt-Griesheim die erste Jugendfeuerwehr gegründet, über den weiteren Bestand ist nichts bekannt. 1968 gründete die Schwanheimer Wehr eine Jugendgruppe, und es folgten nach und nach andere Stadtteile.

Heute gibt es 27 Jugendfeuerwehren mit 522 Mitgliedern, davon 85 Mädchen, organisiert im Stadtkreisjugendfeuerwehrverband. An die Öffentlichkeit tritt die Jugendfeuerwehr im Frühjahr und im Herbst und führt ihr Können vor. Sechzehn- bis Achtzehnjährige erwerben die Leistungsspange in einem sportlich/feuerwehrtechnischen Wettbewerb mit einem theoretischen Teil. Wer zu den „Aktiven" wechselt, bekommt die Leistungsspange auf die Grundausbildungszeit angerechnet, was einen besonderen Anreiz bietet. Die Frankfurter Feuerwehrjugend gestaltet eine eigene Zeitschrift „Das Löschblatt", die in eigener Regie hergestellt wird. Insgesamt nimmt die Jugendfeuerwehr einen regen Anteil an den Aktivitäten des Kreisverbandes, obwohl ein Einsatzdienst nicht möglich ist.

Momentan läuft in Praunheim der Modellversuch „Mini-Feuerwehr". Die Kinder sind zwischen fünf und neun Jahre jung und sollen spielerisch mit dem Feuerwehrgedanken vertraut gemacht werden. Außerdem spielt die Brandschutzerziehung, wie sie von der BF in Schulen praktiziert wird, eine große Rolle. Jugendfeuerwehr, Feuerwehrfrauen und engagierte Aktive nehmen die „Minis" unter ihre Fittiche.

Sonstige Aktivitäten

Der Kreisfeuerwehrverband unterhält eine Musikabteilung mit mehr als 150 Musikern. Es handelt sich um das Fanfarencorps Harheim sowie die Spielmannszüge Kalbach, Sossenheim und Zeilsheim. Feuerwehrmusik gibt es bereits seit hundert Jahren, und die Auftritte beschränken sich nicht nur auf Feuerwehranlässe, sondern finden auch bei Veranstaltungen aller Art und Festzügen statt. Die Musiker rekrutieren sich aus Aktiven, Jugendlichen, sogar Mitgliedern der Altersabteilung, und der Einsatz als Spielmann muß nicht unbedingt mit aktivem Feuerwehrdienst verbunden sein. Da die Musikzüge der Feuerwehren im Deutschen Feuerwehrverband organisiert sind, lautet das bürokratische Wort „Musiktreibende Züge". Treiben nun die Züge die Musik an, oder wie ist das Wortungetüm zu verstehen?

Der aktive Feuerwehrmann scheidet mit Vollendung des sechzigsten Lebensjahres aus dem aktiven Dienst aus, jedoch besteht die Möglichkeit, in der Altersabteilung der Feuerwehrvereine weiterhin Anteil am Geschehen der Feuerwehr zu haben und der Geselligkeit zu pflegen. Mehr als 500 „Ehemalige" nehmen die Gelegenheit wahr, und einmal im Jahr trifft man sich gemeinsam zu einem gemütlichen Beisammensein und tauscht Erinnerungen aus.

Die Fahrzeuge der Freiwilligen Feuerwehr Frankfurt

Ob Druck- und Saugspritze oder moderne Löschfahrzeuge, genau wie die Berufsfeuerwehr waren und sind die Freiwilligen Feuerwehren mit der Zeit entprechendem Gerät ausgerüstet. Aus dem Verwaltungsbericht für das Jahr 1936/37 läßt sich die Ausrüstung des Kreisverbandes herauslesen: 4 Kraftfahrspritzen, 1 Drehleiter, 9 Mannschaftswagen, 3 zweirädrige Kraftspritzen, 2 Tragkraftspritzenanhänger, 23 Handdruckspritzen, 1 Drehleiter für Pferdezug, 21 Drehleitern für Handzug, 27 Hydrantenwagen, 11 Gerätewagen, 18 fahrbare Schlauchhaspeln. Eine bunte Mischung vom Handzug bis zum Kraftfahrzeug. 1969 standen mitsamt den mitbenutzten Fahrzeugen des Zivilen Bevölkerungsschutzes folgende Fahrzeugeinheiten zur Verfügung: 5 Löschgruppenfahrzeuge LF 16, 8 Löschgruppenfahrzeuge LF 16 TS, 4 Tanklöschfahrzeuge TLF 16, 24 Tanklöschfahrzeuge TLF 8, 2 Vorauslöschfahrzeuge VLF, 2 Schlauchkraftwagen SKW, 2 Tragkraftspritzenanhänger TSA, 5 Funkkommandowagen Fukow, 12 Sirenenanhänger SAH. Bis auf die fünf LF 16 und die zwei TSA stammte der Fahrzeugpark vom Bund, und man kann sich vorstellen, in welcher Situation der Kreisverband ohne die bundeseigenen Fahrzeuge gestanden hätte. Erst die Ausstattung mit diesen Fahrzeugen machte einen schlagkräftigen Kreisverband möglich. 1993 bietet der Fuhrpark wiederum ein anderes Bild: 3 Anhängerfahrzeuge, 19 Mannschaftstransportfahrzeuge MTF, 8 Hilfeleistungslöschfahrzeuge LF 8 H. 12 Löschgruppenfahrzeuge LF 16, 17 Tanklöschfahrzeuge TLF 16, alles kommunale Trägerschaft. Des weiteren 21 Löschgruppenfahrzeuge LF 16 TS, 9 Rüstwagen RW 1, 2 Feldkochherde FKH, aus Beständen des Katastrophenschutzes KatS. Die Fahrzeuge des KatS werden von den Freiwilligen Feuerwehren mitbenutzt.

Dem heute einheitlichen Fahrzeugpark stand nach den Eingemeindungen ein buntgemischtes Fahrzeugangebot der ehemaligen Randgemeinden gegenüber. Einzelne Feuerwehren besaßen Hand- und Pferdezugleitern, und ein besonderes „Highlight" war der Hanomag-Kraftwagen der FFW Ginnheim mit Löschgeräten, Leitern und einer Besatzung von 1/5. Dieses exotische Gerät war bis 1937 im Dienst.

Anhängerfahrzeuge

Der klassische Anhänger für Freiwillige Feuerwehren ist der Tragkraftspritzenanhänger TSA nach DIN 14 520. Der TSA ist ein für die Brandbekämpfung besonders gestalteter Einachsanhänger zur Aufnahme einer Tragkraftspritze TS 8/8 und der dazugehörigen Ausrüstung für eine Löschgruppe (1/8).

In Frankfurt gab es während des Krieges und danach eine große Anzahl von TSA, die nach und nach durch

274 *Pkw 20, Opel Astra 1,6i von 1993 als Dienstfahrzeug des Stadtbrandinspektors.*

Löschfahrzeuge ersetzt wurden. Heute benutzt die FFW Oberrad einen TSA für ihre Jugendfeuerwehr, und 1968 wurde die Feuerwehrjugend von Schwanheim mit diesem Gerät ausgebildet. Der Oberrader TSA stammt von der Betriebsfeuerwehr des Hessischen Rundfunks.

Ein Schlauchanhänger steht in Sindlingen, ist eine Eigenkonstruktion der Werkfeuerwehr Hoechst AG und ging als Geschenk nach Sindlingen.

Personenkraftwagen Pkw, Gerätewagen GW und Mannschaftstransportwagen MTF

Dem Stadtbrandinspektor steht ein Dienstfahrzeug (Pkw 20) Opel Astra Caravan 1,6i von 1993 zur Verfügung. Das Vorgängerfahrzeug war ein VW 86 C von 1983 (Pkw 09).

Gerätewagen GW

Die Feuerwehr Enkheim der damals selbständigen Stadt Bergen-Enkheim brachte einen Hanomag-Bus mit Kastenaufbau mit. Dieses Fahrzeug war ausgerüstet mit Geräten zur Ölschadensbekämpfung. Die FF Enkheim hat dieses Fahrzeug vom städtischen Fuhrpark übernommen.

Mannschaftstransportfahrzeug MTF

19 Freiwillige Feuerwehren besitzen einen Kleinbus zum Mannschaftstransport. Früher war die offizielle Bezeichnung Gerätewagen GW, und nachdem die Fahrzeuge aus Mitteln des Katastrophenschutzes mit Funk ausgerüstet wurden, erfolgte die Umbenennung in MTF. Es handelt sich um zwei Mercedes-Kleinbusse, alle anderen MTF sind verschiedene VW-Bus-Typen der Baujahre 1979 bis 1992.

DIE FAHRZEUGE DER FREIWILLIGEN FEUERWEHR

275 *Gerätewagen GW 17 auf VW 23 Typ 1 von 1965. Später, nach der Ausrüstung mit Funk, wurden Kleinbusse dieser Art in Mannschafts-Transportfahrzeuge MTF umbenannt.*

276 *Gerätewagen auf Hanomag F 20 von 1969 der FF Enkheim. Das Fahrzeug diente der Ölschadensbekämpfung. Weitere Daten sind nicht mehr zu ermitteln.*

277 *MTF 6 der FF Niederrad auf MB 601 DKB 25-307 von 1981*

DIE FAHRZEUGE DER FREIWILLIGEN FEUERWEHR

278 *GW 3 der FF Bergen, VW Typ 2 von 1969*

279 *MTF 5 der FF Oberrad auf MB DKB 28-307 D von 1981. Der Tragkraftspritzen-Anhänger stammt von der Betriebsfeuerwehr des Hessischen Rundfunks.*

280 *MTF 22 der FF Sossenheim auf VW Bus 70 x 08 Typ 4 von 1991 bzw. 1992*

281 *GW 7 der FF Enkheim auf VW Bus 23 Typ 2 von 1979*

282 *MTF 16 der FF Berkersheim von 1981 auf VW Bus 253 Typ 2. Die FF Sindlingen, Unterliederbach, Nieder-Eschbach, Rödelheim, Ginnheim, Hausen, Zeilsheim und Nied haben gleiche Fahrzeuge der Baujahre 1980 bis 1990.*

Tabelle der MTF-Fahrzeuge

Typ und Standort	Baujahr
Mercedes-Benz MB DKB 28-307 D, Oberrad	1981
Mercedes-Benz MB 601 DKB 25-307, Niederrad	1981
VW 23 Bus Typ 2, Enkheim	1979
VW 251, Typ 2, Kalbach	1980
VW 253, Bus Typ 2, Sindlingen (80), Unterliederbach (80), Enkersheim, Berkersheim (80), Nieder-Eschbach und Rödelheim (87), Ginnheim und Hausen (89), Nied (89), Zeilsheim (90)	1980, 1987, 1989, 1990
VW 22 Bus Typ 2, Fechenheim	1983
VW 70 x 08, Bus Typ 4, Bergen, Griesheim, Seckbach, Sossenheim	1991 und 1992

283 *Die FF Oberrad besaß in den fünfziger Jahren ein Leichtes Löschgerät LLG, später LF 8 genannt, aus Kriegszeiten.*

Löschgruppenfahrzeug LF 8-TS, LF 8 H, LF 16

Löschgruppenfahrzeuge dienen zur Aufnahme einer Löschgruppe und der feuerwehrtechnischen Beladung, besitzen eine vom Fahrzeugmotor angetriebene Feuerlöschkreiselpumpe FP 8/8 (800 l/min bei 8 bar) beim LF 8 oder eine FP 16/8 (1600 l/min bei 8 bar) beim LF 16 und sind straßen- oder allradgetrieben. Die eingebaute Pumpe (Front oder Heck) hat einen A-Saugeingang und zwei B-Druckabgänge.

Die LF sind für Brandbekämpfung, Wasserförderung und kleinere technische Hilfeleistungen gedacht. Die Vorläufer der heutigen LF 8 und LF 16 sind die in Großserie gebauten Fahrzeuge in Kriegszeiten. Bis 1943 nannte sich das LF 8 Leichtes Löschgerät LLG, dem ein Tragkraftspritzenanhänger angehängt war. Das heutige LF 16 hieß Schweres Löschgerät SLG.

Leichtes Löschgerät LLG (LF 8)

Die Freiwilligen Feuerwehren hatten in den fünfziger Jahren neun aus Kriegsbeständen stammende LLG. Im Krieg existierte eine große Flotte dieses Typs, und 1962 wurden die letzten fünf Fahrzeuge ausgemustert.

Löschgruppenfahrzeug LF 8-TS

1961 gab es die ersten LF 8-TS auf Opel-Blitz/Magirus. Die Fahrzeuge hatten einen Kastenaufbau, die gesamte feuerwehrtechnische Beladung war im Heck verlastet und von dort aus zugänglich. Im Heck befand sich eine Tragkraftspritze, die festeingebaute Feuerlöschkreiselpumpe an der Fahrzeugfront war als Vorbaupumpe gestaltet. Wie viele dieser Fahrzeuge im Dienst waren, läßt sich nicht mehr nachvollziehen. Bekannt ist, daß eines dieser Fahrzeuge von Enkheim an die neugegründete FFW Sachsenhausen abgegeben wurde und dort bis 1988 Dienst leistete.

1971 erhielt Kalbach ein LF 8 „schwer" von Magirus MD 9 D 100 FA mit Allradantrieb.

1979 und 1981 folgten insgesamt 5 LF 8-TS auf Mercedes-Benz MB LF 408 D/Ziegler mit Frontpumpe. Sie waren nach Beladeplan 1 gestaltet. In Fahrzeugrichtung links und rechts befindet sich je ein Geräteraum mit Rolladenverschluß, und die TS 8/8 ist im Heck untergebracht.

Die LF 8 der Stadtteile Enkheim, Harheim, Hausen, Höchst und Niedererlenbach wurden 1991/92 gegen Hilfeleistungslöschfahrzeuge LF 8 H ausgetauscht. Eines dieser alten LF 8 wurde durch die Privatinitiative eines jungen Mannes nach Südamerika vermittelt.

Hilfeleistungslöschfahrzeuge LF 8 H

Anfang der neunziger Jahre wurden die Normen überarbeitet, und es fand eine Typenreduzierung statt. Für das LF 8 wurden ein Löschwassertank mit 600 Liter Inhalt und eine Schnellangriffseinrichtung vorgesehen (LF 8-6 W). Die Frankfurter Feuerwehr konstruierte auf dieser Basis ein völlig neues Fahrzeug, HLF 8 genannt. Die Verkehrsverhältnisse zwangen zur Konstruktion eines kleinen wendigen Kompaktfahrzeugs. Es handelt sich um einen Iveco-Magirus 90-16 AW. Mit einem Radstand von 3,20 m hat das Fahrzeug einen Wendekreis von 13,00 m. Der kastenförmige Aufbau hat vier Rolladenverschlüsse seitlich und eine Heckklappe (Beladeplan 2). Eine TS 8/8 gibt es nicht mehr. Der integrierte Wassertank hat entgegen der Norm einen Inhalt von 1200 Litern, die Heckpumpe FPH 8/8-2 leistet mind. 800 l/min. Der Schnellangriffsschlauch DN 25 ist 50 m lang und mit einem Mehrzweck-Pistolenstrahlrohr ausgerüstet. Neben der feuerwehrtechnischen Ausrüstung verfügt das HLF 8 über einen umfangreichen Hilfeleistungssatz, bestehend aus: tragbarer Generator 5,5 kVA, Kabeltrommel, 2 Flutlichtscheinwerfer 1000 W mit Stativ und Scheinwerferbrücke, Rettungsschere S 90 mit Hydraulik-Handpumpe, Industriesauger zur Flüssigkeitsaufnahme, Tauchpumpe TP 4, Kettensäge, Trennschleifer.

Da es seitens des Rechners in der Leitstelle immer wieder Verwechslungen zwischen HLF 16 (BF) und HLF 8 (FF) gab und sich daraus viele Fehlalarmierungen ergaben, wurde das Fahrzeug deswegen als LF 8 H in die Einsatzdatei aufgenommen. 1991/92 wurden die LF 8 H an Bonames, Enkheim, Harheim, Hausen, Höchst, Ginnheim, Nied, Nieder-Eschbach und Niederrad ausgeliefert.

Löschgruppenfahrzeug LF 16

Eine besondere Rarität stellte ein Henschel LF 16 der selbständigen Stadt Bergen-Enkheim, Stadtteil Enkheim, aus dem Jahre 1962 dar. Auf ein Henschel-Saviem-Renault-Fahrgestell HS 11 HA baute die Firma ARVE-Fahrzeugbau, Springe/Hann., den Gerätekoffer auf. Die

284 *Löschgruppenfahrzeug LF 8-TS auf Opel Blitz/Magirus der FF Enkheim von 1967. Das Fahrzeug kam später zur FF Sachsenhausen.*

285 *LF 8 schwer auf Magirus Deutz MD 9 D 100 FA Allrad von 1971 (FF Kalbach)*

286 *Eines der fünf LF 8 auf MB LF 508 D von Ziegler aus den Jahren 1979 bis 1981; hier das Fahrzeug der FF Niedererlenbach.*

287 *Drei der neun von Frankfurt entwickelten und 1991/92 ausgelieferten Hilfeleistungs-Löschfahrzeuge HLF 8. Nach Kommunikationsproblemen seitens der Einsatzzentrale wurden die Fahrzeuge in LF 8 H umbenannt.*

288 *LF 8 H der FF Niederrad. Es handelt sich um ein Iveco-Magirus-Fahrgestell 90-16 AW mit einem 1200-Liter-Tank und einer Heckpumpe FPH 8/8-2 sowie umfangreicher Beladung für technische Hilfeleistung.*

289 *Einen Exoten auf dem Feuerwehrmarkt stellt das Henschel LF 16 der FF Enkheim aus dem Jahre 1962 dar. Es handelt sich um einen Henschel-Saviem Renault HS 11 HAK mit Aufbau der Firma ARVE/Springe und Balcke-Heckpumpe.*

DIE FAHRZEUGE DER FREIWILLIGEN FEUERWEHR

Balcke-Heckpumpe war wohl eine weitere Rarität. Nach der Eingemeindung von Bergen-Enkheim gehörte dieser Exote natürlich zum Frankfurter Fahrzeugpark.

Die selbständige Gemeinde Nieder-Eschbach brachte nach der Eingemeindung ebenfalls ein einmaliges Fahrzeug in den Frankfurter Fuhrpark der Feuerwehr ein. Hier handelte es sich um ein LF 16 Magirus 150 D 10 A mit Vorbauseilwinde aus dem Jahr 1965. Das Fahrzeug wurde der Norm entsprechend bestellt, geliefert und vom Land bezuschußt. Nach Auszahlung des Zuschusses wurde eine Seilwinde in Vorbaukonstruktion eingebaut, deren Technik und Halterung am Rahmen bereits eingeplant war.

Die Berufsfeuerwehr gab durch Neubeschaffungen ersetzte alte Fahrzeuge an die Freiwilligen Feuerwehren ab. Zuerst waren es die schweren Löschgeräte SLG auf Daimler-Benz L 3000 von 1942, es folgten die LF 16 Daimler-Benz L 3000/Metz von 1957. Als Nachfolge-Generation übernahmen die FFW die LF 16 Daimler-Benz LF 322/Metz von 1963. Nicht alle Löschgruppen konnten ausgestattet werden, und wie viele Fahrzeuge übernommen wurden, läßt sich nicht mehr nachvollziehen. Fest steht jedoch, daß mit Übernahme und Integration der Fahrzeuge des Bundes eine flächendeckende Fahrzeugausstattung aller Freiwilligen Feuerwehren im Stadtgebiet ab 1965 stattgefunden hat. Dieses trug sehr zur Motivation der Mannschaften bei.

Weitere LF 16-Generationen waren kommunale Neubeschaffungen. 1979 erhielt Unterliederbach ein LF 16 Iveco-Magirus 170 D 11 A. 1982/83 folgten baugleiche Fahrzeuge, jedoch die Motorleistung war stärker. Es handelte sich um Iveco-Magirus 192 D 11 A, stationiert in Bergen, Nieder-Eschbach, Niederrad, Oberrad und Zeilsheim.

Einen fahrzeugtechnischen Umbruch stellten die LF 16 auf Mercedes-Benz MB 1222 AF mit Rosenbauer-Aufbau der Jahre 1985, 87 und 88 dar. Der löschtechnische Einbau gleicht den Hilfeleistungslöschfahrzeugen der BF.

290 *Nicht unbedingt nach der Norm gestaltet ist das LF 16 auf Magirus 150 D 10 A mit einer 5-Tonnen-Vorbauseilwinde von 1965. Dieses Fahrzeug gab die seinerzeit selbständige Gemeinde Nieder-Eschbach in Auftrag.*

291 *LF 16 auf MB LF 322/Metz der FF Oberrad von 1963. Im Jahre 1968 wurde das Fahrzeug zu einem Eingleis-LF für den neuangeschafften Hilfeleistungszug Schiene umgebaut, um anschließend wieder in ein LF zurückverwandelt zu werden. Wurde an eine Feuerwehr in Südtirol verschenkt.*

Die kombinierte Normal- und Hochdruckpumpe R 280 leistet 2800 l/min. bei 8 bar und 250 l/min. bei 40 bar. In den 1800-l-Wassertank ist ein 150-l-Mehrbereichs-Schaummitteltank eingebaut. Schaum wird über das Hochdruckvormischsystem HDVM vorgemischt. Der Schnellangriffsschlauch mit 80 m Länge, 5/8 (16 mm) hat ein Nebelpistolenrohr NE PI RO mit Schaumvorsatz. Auf dem Aufbaudach ist das Wenderohr RM 16 (1600 l/min bei 8 bar) montiert; es hat ein Basisgestell und ist somit auch als tragbarer Werfer verwendbar. Enkheim, Eschersheim, Sachsenhausen und Sossenheim verfügen über diesen Fahrzeugtyp. Sachsenhausen erhielt mit diesem LF 16 als erste Freiwillige Feuerwehr ein Fahrzeug mit Automatikgetriebe (1988).

1990 folgte eine neue Generation LF 16. Griesheim und Kalbach erhielten ein LF 16/12 auf Mercedes-Benz MB 1222 AF/Ziegler. Der Stahl-Kastenaufbau hat fünf Rolladenverschlüsse nach Beladeplan 2. Nach Norm verfügt das Fahrzeug über einen 1200-l-Löschwassertank, um einen Schnellangriff in der Erstphase zu gewährleisten, und das LF 16 gleicht sich in der Ausstattung dem Tanklöschfahrzeug an. Die Feuerlöschkreiselpumpe FP 16/8 HH leistet mind. 1600 l/min. bei 8 bar und 250 l/min bei 40 bar. Der Hochdruck-Schnellangriffsschlauch auf Abrollhaspel, DM 20, mit einem Mehrzweck-Pistolenstrahlrohr ist 80 m lang. 200 l Mehrbereichsschaummittel können über einen fest eingebauten Zumischer zugemischt werden und entweder über das Pistolenstrahlrohr mit Schaumvorsatz oder über ein Kombi-Schaumrohr verschäumt werden. Die feuerwehrtechnische Ausrüstung entspricht der Norm DIN 14 530. Der Hilfeleistungssatz ist identisch mit dem des HLF 8, jedoch gibt es keinen Industriesauger.

Das Fahrzeug verkörpert die vierte Generation der neubeschafften LF 16 für die FFW, und auch hier zeigt sich wieder, wie technisch schnellebig die Frankfurter Feuerwehr ist. Bei der dritten und vierten Fahrzeuggeneration sind die Atemschutzgeräte in die Sitzbank integriert.

292 *LF 16/6 der FF Unterliederbach, ein Magirus 170 D 11 FA von 1979*

293 *LF 16/4 der FF Oberrad auf MD 192 D 11 FA von 1981. Es unterscheidet sich äußerlich kaum von seinem Vorgängermodell aus dem Jahre 1979.*

DIE FAHRZEUGE DER FREIWILLIGEN FEUERWEHR

294 LF 16 der FF Sossenheim. Hier handelt es sich um einen MB 1222/36 AK mit Rosenbauer-Aufbau aus dem Jahre 1987. Es hat einen 2300/200-Liter-Wasser-/Schaumtank und eine Pumpe R 280. Diese Fahrzeuge wurden von 1984 bis 1987 beschafft.

295 LF 16 der FF Griesheim auf MB 1222/Ziegler von 1990. Das Fahrzeug entspricht dem genormten LF 16/12 und hat eine Pumpe FP 16/8 mit Hochdruckteil, 80 Meter Schnellangriffsschlauch mit Pistolenstrahlrohr und einen Tank mit 1200 Liter Wasser.

Tanklöschfahrzeug TLF 16

Tanklöschfahrzeuge TLF 16 nach DIN 14 530, Blatt 20, dienen der Aufnahme einer Löschstaffel (1/5) und deren feuerwehrtechnischer Ausrüstung. Die Feuerlöschkreiselpumpe FP 16/8 leistet mindestens 1600 l/min. bei 8 bar und ist mit einem A-Sauganschluß und zwei B-Druckabgängen ausgestattet. Der Löschwasserbehälter hat 2400 Liter (später 2500 l) Inhalt und besitzt eine Schnellangriffseinrichtung mit 30 m formfestem Schlauch S 28 an der rechten hinteren Fahrzeugseite. Mit ihrem Löschwasservorrat dienen die TLF in erster Linie einem Schnellangriff mit dem formstabilen Schlauch, auch kann Pendelverkehr zur Wasserversorgung von Brandstellen durchgeführt werden (Waldbrände!).

Als erste FFW besaß Oberrad ein ausgemustertes TLF 16 der BF auf Daimler Benz LF 322/36 mit Metz-Aufbau von 1961. 1974 erhielten Bergen und Enkheim TLF 16 auf Iveco-Magirus 170 D 11 FA, ihnen folgte 1977 Heddernheim mit demselben Typ. Dieses waren die ersten TLF-Neuanschaffungen. Einen stärkeren Motor mit 192 PS (192 D 11 FA) hatten die Iveco-Magirus von Oberrad, 1979, Kalbach und Rödelheim, 1982, sowie Nieder-Erlenbach, 1984.

1985 und 1987 wurden für Berkersheim (85), Fechenheim, Harheim, Niederursel, Schwanheim, Sindlingen und Unterliederbach TLF 16 auf Mercedes-Benz MB 1222 AF/Rosenbauer beschafft. Die Fahrzeuge haben einen langen Radstand von 3,75 m wie die LF/HLF von MB/Rosenbauer und sind mit einer Gruppenkabine ausgerüstet. Die Pumpentechnik entspricht den Rosenbauer HLF/LF 16, der Tank hat 2500 Liter Inhalt, der integrierte Schaumtank 150 Liter. Ebenfalls ist auf dem Dach der Werfer RM 16 montiert.

Auf der rechten Fahrzeugseite befindet sich der Schnellangriff Normaldruck, 30 m S 28. Links ist der Hochdruck-Schnellangriff mit 40 m S 25 untergebracht. Dieses Fahrzeug ist im wahrsten Sinne des Wortes wie

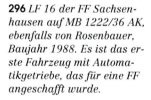

296 LF 16 der FF Sachsenhausen auf MB 1222/36 AK, ebenfalls von Rosenbauer, Baujahr 1988. Es ist das erste Fahrzeug mit Automatikgetriebe, das für eine FF angeschafft wurde.

DIE FAHRZEUGE DER FREIWILLIGEN FEUERWEHR

297 *TLF 16 der FF Oberrad auf MB 322/36, von Metz 1961 gebaut. Es ist das klassische Tanklöschfahrzeug mit 2400-Liter-Wassertank und einer Pumpe FP 16/8 mit 30 Meter Schnellangriffsschlauch S 28.*

298 *TLF 16 der FF Nieder-Eschbach auf MD 170 D 11 FA von 1972.*

299 *TLF 16 der FF Bergen auf MD 170 D 11 FA, erste Generation von 1974. Von seinem Vorgänger unterscheidet sich das Fahrzeug nur in der Kühlergrill-Gestaltung. Die zweite Generation stellt das TLF 16 Iveco Magirus 192 D 11 FA der FF Oberrad dar.*

300 *TLF 16 der FF Nieder-Erlenbach auf Magirus 192 D 11 FA von Rosenbauer aufgebaut (1984). Das Fahrzeug hat eine Gruppenkabine (1/8) und einen langen Radstand von 3,75 Meter. In den 2500-Liter-Tank sind 150 Liter Schaummittel integriert, die Pumpe R 280 leistet 2800 l/min. Die Schnellangriffseinrichtungen ND/HD entsprechen den HLF der Berufsfeuerwehr. Baugleiche Fahrzeuge erhielten 1982 die FF Kalbach und Rödelheim, die BF besitzt seit 1983 ein Fahrzeug aus der gleichen Serie der dritten Generation.*

viele andere Frankfurter Fahrzeugtypen an die Norm „angelehnt".

1989 erhielten Hausen, Praunheim und Seckbach TLF auf Iveco-Magirus 120-23 AW mit einem 2500-l-Wassertank. In den Tank sind 200 l Schaummittel in einem Sondertank integriert. Die Feuerlöschkreiselpumpe Magirus F 516 H leistet 2400 l/min bei Normaldruck (maximal) und 250 l/min bei Hochdruck 40 bar. Entlüftet wird mit dem automatischen Ejektomat. Die Schaumzumischung erfolgt mit dem manuell bedienbaren Pumpenvormischer PV 100 nach dem Strahlpumpenprinzip. Der Schnellangriff geschieht mit einem 80 m langen Schlauch S 19.

Auf dem Dach ist per Flansch ein tragbarer Werfer AWG HH 1260 (1200 l/min) gelagert. Das Fahrzeug hat ein Sechsgang-Getriebe und ist mit Antiblockier-System ABS ausgerüstet. Genau wie bei dem Rosenbauer-TLF sind die Atemschutzgeräte in die Sitzbank integriert.

Gegenüber dem genormten TLF 16/24 mit seiner Truppkabine bietet diese Fahrzeuggeneration den Vorteil der Gruppenstärke, und der Angriffstrupp kann sich bereits während der Fahrt ausrüsten.

Hier handelt es sich um die fünfte Generation der TLF-Neubeschaffungen.

Alles in allem kann gesagt werden, daß die Freiwillige Feuerwehr im Gegensatz zu den Anfängen mit hochmodernen Fahrzeugen ausgerüstet ist und ihren Aufgaben gemäß des Brandschutzhilfeleistungsgesetzes in jeder Weise gerecht werden kann. Besonders gut bewährt haben sich in der Einsatzpraxis die LF 8 H, kann man doch damit die immer mehr ansteigenden Hilfeleistungseinsätze bewältigen. Entsprechend beliebt ist das Fahrzeug.

301 *TLF 16 der FF Seckbach auf Iveco-Magirus 120-23 AW mit 2300/200 Liter großem Wasser-/Schaummitteltank. Die TLF der fünften Generation (1989) sind in Hausen, Praunheim und Seckbach beheimatet.*

Die Gerätehäuser der Freiwilligen Feuerwehr

Die Gerätehäuser der Freiwilligen Feuerwehr waren die Standorte der Ortsfeuerwehren und erfüllten den gleichen Zweck wie die Feuerwachen der Berufsfeuerwehr. Nur gab es einen gravierenden Unterschied. Die Fahrzeuge waren in engsten Verhältnissen, teilweise in Scheunen und Schuppen aller Art untergebracht. Es fehlte an den primitivsten Voraussetzungen für einen reibungslosen Dienstablauf. Sozialräume mit Sanitäranlagen, Platz für Einsatzkleidung, Unterrichtsräume oder ein Büro für den laufenden Geschäftsbetrieb gab es meistens nicht. Diese Zustände wie auch seinerzeit fehlende Fahrzeuge trugen nicht unbedingt zur Motivation der Mannschaften bei. Nachdem sich durch flächendeckende Ausrüstung mit Fahrzeugen des Zivilen Bevölkerungsschutzes die Fahrzeugsituation ab 1965 sehr schnell zum Guten wendete, bedeutete die Gerätehaussituation ein langfristiges, nicht von heute auf morgen lösbares Problem. Der Amtsleiter Dipl.-Ing. Achilles und der seinerzeitige Stadtbrandinspektor Möller mußten erhebliche Überzeugungsarbeit auf der politischen Ebene leisten, um die Stadtverordnetenversammlung und den Magistrat mit der Dringlichkeit dieses Problems vertraut zu machen. 1972 wurde ein Sechsstufenplan für den Um-, Erweiterungs- und Neubau von 19 Gerätehäusern beschlossen. Dieses Gesamtprogramm, dessen finanzielles Volumen bereits zweistellige Millionensummen erreicht hat, wurde und wird bis zum heutigen Tage verwirklicht. Seitens des Hochbauamtes wurde ein Raumprogramm entwickelt, das folgende Komponenten enthält:
- Fahrzeughalle mit drei Stellplätzen und Lagerreserve,
- Möglichkeiten zur Unterbringung von Einsatzkleidung,
- Sanitärräume mit Wasch- und Duschmöglichkeit und Toiletten,
- Unterrichts- und Aufenthaltsraum,
- Wachbüro für den Wehrführer zur Erledigung des laufenden Geschäftsbetriebes.

Die finanzielle Lage der Stadt stellte in den letzten Jahren die Verwirklichung laufender Projekte in Frage, teilweise erfolgte ein Baustopp. Jedoch mußte in dieser Situation dringend Ersatz für gekündigte Liegenschaften geschaffen werden, die nur angemietet waren. Die Freiwilligen griffen kurzerhand zur Selbsthilfe, und auf diese Art konnten 1994 neue Gerätehäuser an die FF Praunheim, Ginnheim und Niederursel übergeben werden.

Architektonisch setzten sich in dem Gesamtprogramm verschiedene Varianten durch. Berkersheim, Niederrad und Rödelheim haben würfelförmige Baukörper mit Zeltdach. Der große Würfel dient als Fahrzeughalle mit drei Stellplätzen, ein kleinerer für den Sozialbereich schließt sich je nach Platzgegebenheiten rechts oder links des Hauptbaukörpers an. Diese Variante wurde sogar schon in Architekturzeitschriften als beispielhaftes Modell vor-

302 *So unzureichend wie das Gerätehaus der FF Ginnheim sahen alle Frankfurter Gerätehäuser aus. Das änderte sich erst ab 1972 mit dem Stufenplan für den Neu- und Umbau der Unterkünfte für die Freiwilligen Feuerwehren.*

gestellt. Eine weitere besondere Variante stellen die Gebäude von Eschersheim und Zeilsheim dar. Über einem rechteckigen Baukörper mit Fahrzeughalle wölbt sich ein Dach in Form eines Segmentbogens, in dem die Sozial- und Unterrichtsräume untergebracht sind. Diese Lösung verleiht dem Bau das Aussehen eines Flugzeughangars.

Diese zwei vorgestellten Varianten stellen nur zwei Beispiele aus dem architektonisch reizvollen Programm der Neubauten dar. In Enkheim steht ein Gerätehaus in der Größe einer Stützpunktfeuerwache von Anfang der siebziger Jahre. Viele Um- oder Ausbauten mit gravierenden Modernisierungsmaßnahmen bildeten einen weiteren Teil des Stufenplans. Die Wehren von „Dribbdebach", Sachsenhausen und Oberrad werden zwischen den beiden Stadtteilen in den Gebäuden einer ehemaligen Firma für Schwertransporte mit entsprechenden Fahrzeughallen untergebracht. Sachsenhausen nutzt die neue Unterkunft schon, Oberrad wird nach Kündigung der bis jetzt genutzten Liegenschaft 1997 einziehen. Die einzige Freiwillige Feuerwehr ohne Gerätehaus ist die FF Höchst. 1989 brannten die Unterkunftsräume durch Brandstiftung aus, und die im Hinterhof gelegene Fahrzeughalle war baufällig. Somit muß diese Feuerwehr ihr Fahrzeug, ein LF 8 H, auf der den Wachbezirk betreuenden Feuerwache 5 in Nied unterstellen und erhält jetzt Unterkunfts- und Sozialräume in der Nähe der ehemaligen Wache. Ein MTF soll den Transport zwischen Unterkunft

DIE GERÄTEHÄUSER DER FREIWILLIGEN FEUERWEHR

und Fahrzeugstandort sicherstellen. Dieses stellt natürlich nur ein Provisorium dar, aber jeder weiß, wie lange sich Provisorien halten können. Man kann sagen, daß der Stufenplan zum größten Teil verwirklicht ist, und es gilt jetzt, die noch anstehenden Probleme zu lösen. Interessant liest sich in alten Quellen, daß 1937 insgesamt 13 Gerätehäuser über Steigetürme verfügen. Alle Türme sind nicht mehr vorhanden.

303 Die FF Enkheim der ehemals selbständigen Stadt Bergen-Enkheim hat ein Gerätehaus in der Größe einer Stützpunkt-Feuerwehr im Baustil der frühen siebziger Jahre.

304 Dieser Bau mit dem Dach in Form eines Segmentbogens steht in Eschersheim. Zeilsheim besitzt ein baugleiches Gebäude. Das Aussehen erinnert an einen Flugzeughangar.

305 Diese beiden würfelförmigen Baukörper setzen sich zu einer Einheit zusammen. Links die Fahrzeughalle, rechts die Sozialräume. Das Bild zeigt das Gerätehaus der FF Berkersheim. Je nach Situation lassen sich die „Gebäudewürfel" auch tauschen. Gleiche Modelle stehen in Bonames und Rödelheim.

306 Diese architektonisch reizvolle Variante steht in Griesheim.

307 Bei der Errichtung des Gebäudes der FF Kalbach wurde viel Eigenleistung erbracht.

Die Freiwilligen Feuerwehren Frankfurts in alphabetischer Reihenfolge

1. Bergen
2. Berkersheim
3. Bonames
4. Enkheim
5. Eschersheim
6. Fechenheim
7. Ginnheim
8. Griesheim
9. Harheim
10. Hausen
11. Heddernheim
12. Höchst
13. Kalbach
14. Nied
15. Nieder-Erlenbach
16. Nieder-Eschbach
17. Niederrad
18. Niederursel
19. Oberrad
20. Praunheim
21. Rödelheim
22. Sachsenhausen
23. Schwanheim
24. Seckbach
25. Sindlingen
26. Sossenheim
27. Unterliederbach
28. Zeilsheim

Die Arbeitsgemeinschaft der Frankfurter Hilfsorganisationen AGFH

Im Oktober 1989 schlossen sich die acht Organisationen, die in Frankfurt im Katastrophenschutz tätig sind, zu einer Arbeitsgemeinschaft zusammen. Zielsetzung ist die Koordination der Organisationen mit verschiedenen Aufgaben, um im Einsatzfall eine dem Bürger gerecht werdende optimale Hilfe zu bieten. Dienstintern werden gemeinsam Fragen der Ausbildung, Ausrüstung und Ausstattung geregelt. Gemeinsame, organisationsübergreifende Übungen gehören ebenfalls dazu. Vorgänge in der Vergangenheit, in denen eine Katastrophenschutzübung zur Katastrophe im wahrsten Wortsinn wurde, konnten dank dieser Zusammenarbeit aus der Welt geschafft werden. Auch werden, wie beim Tag der offenen Tür der Stadt Frankfurt, die Organisationen der Öffentlichkeit vorgestellt. Außerdem fördert das Konzept die freundschaftliche Beziehung der Organisationen untereinander, die sich früher teilweise als Konkurrenten sahen.

Mehr als 3000 Helfer stehen in Frankfurt dem Bürger zur Verfügung. Alle sechs Wochen treffen sich die Führungskräfte der Organisationen, um Probleme des Katastrophenschutzes zu erörtern. Die Zusammenarbeit mit

308 *Fahrzeuge der im Rettungsdienst tätigen Organisationen, von links nach rechts: RTW Johanniter Unfallhilfe JUH, RTW Deutsches Rotes Kreuz DRK, Malteser Hilfsdienst MHD, BF Frankfurt, Rettungswache Bergen-Enkheim RBE und Arbeiter-Samariter-Bund ASB.*

der Branddirektion ist sehr eng, da der Einsatz der Organisationen im Schadensfall von der Leitfunkstelle der BF Frankfurt geleitet wird. Der verantwortliche Leiter der AGFH ist der Vorsitzende des Ortsverbandes Frankfurt des Technischen Hilfswerks, Jürgen Maier. Bei den acht beteiligten Organisationen im Katastrophenschutz handelt es sich um den Kreisfeuerwehrverband KFV, das Technische Hilfswerk THW, die Deutsche Lebensrettungsgesellschaft DLRG und die Sanitätsorganisationen Arbeiter-Samariter-Bund ASB, Deutsches Rotes Kreuz DRK, Malteser Hilfsdienst MHD, die Johanniter Unfallhilfe JUH und die Rettungswache Bergen-Enkheim RBE.

Das Technische Hilfswerk THW

Das THW leistet Hilfe bei Katastrophen aller Art (z.B. Stürme, Hochwasser, Hauseinstürze) und ist eine humanitäre Hilfsorganisation in Form einer nicht rechtsfähigen Bundesanstalt. Der Ortsverband Frankfurt verfügt über eine Führungsgruppe, Bergungs- und Instandsetzungszüge, einen Pontonzug sowie einen Gewässerschutzzug in Verbindung mit der Feuerwehr Rödelheim. Materialerhaltung und Fernmeldewesen gehören ebenfalls zu den Aufgaben.

Deutsche Lebensrettungsgesellschaft DLRG

Die DLRG ist die größte Wasserrettungsorganisation der Welt mit dem Ziel der Menschenrettung bei Wassernot. Gleichzeitig werden Schwimmunterricht und Ausbildung zum Rettungsschwimmer angeboten.

Die Sanitätsorganisationen ASB, DRK, JUH, MHD, RBE

Gemeinsam ist allen Organisationen das Engagement im Bereich der Ersten Hilfe, des Krankentransportes, der Unfallrettung und der Beteiligung mit Spezialeinheiten im Katastrophenschutz. Ebenfalls werden Lehrgänge für Führerscheinbewerber und in Erster Hilfe angeboten. Die Rettungswache Bergen-Enkheim (RBE), gegründet 1957, brauchte insgesamt 15 Jahre, um die Anerkennung für den Katastrophenschutz zu erhalten. Finanziert wird die RBE durch Spenden, Mitgliedsbeiträge und Krankentransportgebühren.

Auf die Bereiche der allgemeinen Sozialarbeit der Organisationen soll hier nicht näher eingegangen werden. Selbstverständlich ist, daß auch Jugendarbeit, ähnlich der Jugendfeuerwehr, betrieben wird.

Einsätze der Organisationen im Rahmen des Katastrophenschutzes

Daß die Zusammenarbeit der unterschiedlichsten Hilfsorganisationen im Katastrophenfall nicht nur Schall und Rauch ist, stellte sich bei der Hochwasserkatastrophe Anfang Februar 1995 heraus. Nachdem der Oberbürgermeister Katastrophenalarm auslöste, kamen mehr als 1000 freiwillige Helfer zum Einsatz. Die Berufsfeuerwehr war natürlich anhand des Ausmaßes des Hochwassers in ihrer Leistungskapazität überfordert. Es wurde fachübergreifend gearbeitet, und es konnte vorkommen, daß Sanitäter Sandsäcke füllten und schleppten. Zwei Einzeleinsätze seien an dieser Stelle stellvertretend geschildert.

Die DLRG hat ihren Stützpunkt direkt am Mainufer und versuchte natürlich mit allen Mitteln (Sandsäcke usw.), das eingeschossige Gebäude zu halten. Jedoch der ständig steigende Pegel machte alle Bemühungen zunichte, und die Station ist im wahrsten Sinne des Wortes „abgesoffen". Die steigenden Fluten drohten in die Archivräume des Historischen Museums einzudringen. In einer Aktion, die im Regionalfernsehen und im ZDF-Morgenmagazin gezeigt wurde, konnte das Museum „gehalten" werden. Die Feuerwehr Berkersheim war an diesem Einsatzabschnitt eingesetzt. Das ständig steigende Wasser veranlaßte den Einsatzleiter, eine bestehende Umfassungsmauer für Ziergewächse um einen Meter erhöhen zu lassen. Baumaterial wurde beschafft, und die Berkersheimer betätigten sich fortan mit großem Spaß als Maurer. Nebenan verstärkte das THW eine Sandsackbarriere mit Bohlen, und ein Eindringen von Wasser in die tiefliegenden Fenster des Archives konnte verhindert werden.

Als Dank für alle eingesetzten Kräfte gab der Oberbürgermeister Andreas von Schoeler einen Empfang für alle eingesetzten Kräfte im berühmten Kaisersaal des Frankfurter Römers.

Der Katastrophenschutz

Im zweiten Weltkrieg wurden die Aufgaben des Luftschutzes vom Sicherheits- und Hilfsdienst SHD und dem Luftschutzhilfsdienst LSHD wahrgenommen. Nach dem Krieg wurde zuerst eine Organisation für technische Nothilfe geschaffen. Daraus ging das Technische Hilfswerk hervor, das 1953 den Status einer Bundesanstalt erhielt. Seit 1958 existiert das Bundesamt für zivilen Bevölkerungsschutz (BzB) und verwaltet und organisiert den zivilen Luftschutz (seit 1953) und das Technische Hilfswerk THW (seit 1950). Diese Behörde untersteht dem Innenministerium.

Ab 1957 gibt es den Luftschutzhilfsdienst als Hilfsorganisation im Verteidigungsfall. Diese Organisation hat insgesamt acht Fachdienste:
- LS-Brandschutzdienst
- LS-Bergungsdienst
- LS-Sanitätsdienst
- LS-Veterinärdienst
- LS-ABC-Dienst
- LS-Betreuungsdienst
- LS-Lenkungs- und Sozialdienst
- LS-Fernmeldedienst

Neben den Freiwilligen Feuerwehren und dem THW wirken in den Fachdiensten auch die Sanitätsorganisationen wie z.B. das Rote Kreuz (DRK) mit.

Der Bund beschaffte Spezialfahrzeuge, bekannt als „ZB-Fahrzeuge". Am 1.4.1967 übernahm die Berufsfeuerwehr Frankfurt als erste Berufsfeuerwehr der Bundesrepublik den gesamten Zivilen Bevölkerungsschutz und lackierte einzelne khakigraue Fahrzeuge in Frankfurter Rot-Weiß. Organisatorisch wurde die Abteilung 37.4 – Zivil- und Katastrophenschutz geschaffen.

1968 wurde das Gesetz über die Erweiterung des Katastrophenschutzes erlassen (Kat SG). Die Fachdienste gliederten sich neu, und die Ausrüstung und Ausstattung wurde den Anforderungen des Zivilschutzes entsprechend erweitert. Gleichzeitig wurde die strenge Trennung zwischen Zivilschutz im Verteidigungsfall und Katastrophenschutz in Friedenszeiten gelockert, so daß die vorhandenen Fahrzeugeinheiten von den betreuenden Organisationen wie z.B. der Freiwilligen Feuerwehr bei Einsätzen mitbenutzt werden können. Die Führungs- und Fachdienste untergliedern sich nun in insgesamt 23 Einheiten für verschiedenste Aufgaben. Die Personal-, Geräte- und Fahrzeugausstattung der einzelnen Dienste ist dem Stärke- und Ausrüstungsnachweis zu entnehmen (STAN). Diese Verzeichnisse sind auf den Verteidigungsfall ausgerichtet und lesen sich in Friedenszeiten bei Kenntnis der vorhandenen Mittel etwas befremdlich.

Es wurden auch die Farbgebungen für die einzelnen Fachdienste festgelegt, die bis heute gültig sind. Die Brandschutzeinheiten sind selbstverständlich in Rot RAL 3000 lackiert, das THW bleibt beim traditionellen Ultramarinblau RAL 5002, der Sanitätsdienst erhielt Elfenbein RAL 1014, und alle anderen Fachdienste wurden orange RAL 2004 lackiert. Der Tarnanstrich „Khakigrau" RAL 7008 war recht unbeliebt und verschwand.

Die hier geschilderten Einheiten wurden in internen Ausbildungsunterlagen als „öffentlicher Zivilschutz" im Gegensatz zum „Selbstschutz der Zivilbevölkerung" genannt. Für die Zivilbevölkerung und deren Aufklärung und Ausbildung war und ist der Bundesverband Selbstschutz BVS zuständig.

1974 änderte das Bundesamt für zivilen Bevölkerungsschutz seinen Namen in Bundesamt für Zivilschutz BZS. Betrachtet man die Gesamtorganisation, so ist der Aufbau ähnlich der organisatorischen Regelung des Krieges, jedoch den technischen Möglichkeiten angepaßt. Maßgeblich beteiligt an der Entwicklung des Gesamtkonzeptes war der ehemalige Leiter der Feuerwehr Hamburg, Dipl.-Ing. Brunswick, der einen erheblichen Erfahrungsschatz aus seiner Tätigkeit als Einsatzleiter während des Luftkrieges mitbrachte. Nachdem die Blöcke West und Ost nach Fall der Mauer nach und nach auseinanderfielen, eine Kriegsgefahr als nicht mehr gegeben angesehen wird, ist seitens des Innenministers ein Verfahren in Gang gesetzt worden, das Engagement des Bundes erheblich zu reduzieren und die Verantwortlichkeit auf die Länder, Kreise und Kommunen zu verlagern. Das Ganze löste erhebliche, noch andauernde Diskussionen aus und ist noch nicht abgeschlossen. Im Klartext heißt das, daß sich der Bund aus dem erweiterten Katastrophenschutz zurückzieht und einzelne Fachdienste wie z.B. der Veterinärdienst und der Fernmeldedienst abgeschafft werden.

DER KATASTROPHENSCHUTZ

Die Zentralwerkstätten und die Katastrophenschutzschulen der Länder wurden geschlossen. Die Schule in Johannisberg wurde z.B. von der Hessischen Landesfeuerwehrschule als Außenstelle erworben.

Nach diesem Konzept bleibt der Brandschutz- und ABC-Dienst erhalten (Beispiel Feuerwehr Frankfurt), wird jedoch reduziert. Der durch die Verkleinerung der Züge entstehende Fahrzeugüberhang wurde den Kommunen zum Kauf angeboten. Von den 30 Brandschutzfahrzeugen des Bundes in Frankfurt sollen 13 Einheiten überflüssig werden, jedoch übernimmt die Stadt die Fahrzeuge samt Folgekosten.

Ist der Katastrophenschutz im Verteidigungsfall nicht mehr notwendig, so wurde bei der Neukonzeption zu wenig an die zunehmende Bedeutung des zivilen Katastrophenschutzes gedacht. Die Hochwasserkatastrophe Anfang Februar 1995 ist ein beredtes Beispiel für Situationen, die sich innerhalb kürzester Zeit entwickeln und nur mit großem Menschen- und Materialaufwand beherrscht werden können.

Es bleibt zu hoffen, daß abgeschaffte Einheiten, sollte sich die politische Lage ändern, nicht von heute auf morgen aus dem Boden gestampft werden müssen!

Die LS-Feuerwehrbereitschaft und der Brandschutzdienst

Die Feuerwehrbereitschaft gliederte sich in zwei Angriffszüge und einen Wasserversorgungszug. Folgende Fahrzeuge standen zur Verfügung:
Angriffszug:
1 Vorauslöschfahrzeug VLF,
2 Tanklöschfahrzeuge TLF 8,
1 Löschgruppenfahrzeug LF 16-TS
Wasserversorgungszug:
1 Tanklöschfahrzeug TLF 16,
1 Schlauchkraftwagen SKW,
1 LF 16-TS.

1973 wurde das Brandschutzkonzept im Katastrophenschutz geändert. Man unterscheidet jetzt den „Löschzug R" (Retten und Löschen) und den „Löschzug W" (Retten, Löschen und Wasserversorgung).

Der **Löschzug R** rettet Menschen, Tiere und Sachwerte und führt Brandbekämpfung durch. 1 Zugtrupp ist für die Führung zuständig, 2 Löschgruppen mit Löschgruppenfahrzeug LF 16-TS übernehmen die Brandbekämpfung. Der Rettungstrupp ist für die Menschenrettung zuständig und ausgestattet mit Gerätekraftwagen GKW, Rüstwagen RW 1 oder Hilfsrüstwagen (HRW, umgebautes Vorauslöschfahrzeug VLF).

Der **Löschzug W** rettet ebenfalls Menschenleben und bekämpft Brände, jedoch das Hauptaugenmerk ist auf die Wasserversorgung in Großschadensgebieten gerichtet. Der Zug besteht aus Zugtrupp (Führung), 2 Löschgruppen mit LF 16 und einem Versorgungstrupp mit einem Schlauchkraftwagen oder Schlauchwagen SW 2000 Trupp.

309 *DLRG-Station in der Frankfurter City*

310 *Zwei THW-Fahrzeuge (MKW und GKW) mit umfangreicher Ausrüstung*

Die Fahrzeuge des Katastrophenschutzes

Die Fahrzeuge der Angriffszüge des LS-Brandschutzdienstes unterscheiden sich erheblich von den genormten Feuerwehrfahrzeugen. Man unterteilt nach Pumpenleistung an die Norm angelehnt 8er und 16er Klassen.

Die Pumpen der 8er Klasse bringen 1600 l/min, die 16er Klasse liefert 2400 l/min. Zu den kleinen Fahrzeugeinheiten (8er Klasse) zählen die Vorauslöschfahrzeuge und die Tanklöschfahrzeuge TLF 8. Diese Fahrzeuge sind auf voll gelände- und trümmergängigen Fahrgestellen der 1,5-t–Klasse aufgebaut, haben kurzen Radstand sowie kurze Aufbauüberhänge, wodurch sich ein großer Böschungswinkel ergibt. Allradantrieb und Differentialsperre sind Standard.

Die größere 16er-Klasse ist auf allradgetriebenen Fahrgestellen der 4,5-t–Klasse aufgebaut.

Allen Fahrzeugen ist gemein, daß die Aufbaukoffer einheitliche Abmessungen und Befestigungen haben, um sie notfalls untereinander austauschen zu können. Fahrer- und Mannschaftsraum waren getrennt, der Mannschaftsraum befand sich im vorderen Teil des Gerätekoffers.

Bei den Kleinfahrzeugen VLF und TLF handelt es sich um Mercedes Unimog S 404.1.

Alle anderen Großfahrzeuge (TLF, LF 16-TS und SKW) waren auf Fahrgestelle Magirus Deutz Mercur 125 A aufgebaut. Um das Durcheinander komplett zu machen, waren an manchen Fahrzeugen drei Hersteller beteiligt, was erhebliche Zeitverluste bei der Herstellung erbrachte und man kann sich des Eindrucks nicht erwehren, daß der „grüne Tisch" die Oberhand hatte.

Als Baujahr der Groß- wie auch Kleinfahrzeuge nennen die Frankfurter Unterlagen die Jahre 1965/66, andere Quellen geben als letztes Baujahr dieser Serien 1964 an. Es läßt sich wohl nur so erklären, daß die Frankfurter Unterlagen die Indienststellungen als Baujahr verzeichnen.

Anhänger

Die Sirenenanhänger der Firma Westfalia Werke waren gedacht für Lautsprecherdurchsagen und mobile Alarmierung der Bevölkerung mit einer auf dem Dach montierten Sirene. Ernstfallmäßig kamen diese Geräte nie zum Einsatz, leisteten jedoch gute Dienste bei Veranstaltungen der Branddirektion oder der Freiwilligen Wehren. Es existierten in Frankfurt 12 dieser khakigrauen Anhänger mit dem vermutlichen Baujahr 1965.

Enkheim und Sindlingen besitzen je einen Feldkochherd von Progress aus dem Jahr 1986. Der Herd ist abnehmbar auf einem Einachsanhänger verlastet und läßt sich bei Langzeiteinsätzen per von Hand ausziehbaren Stützbeinen stationär aufstellen. Der eine Herd hat eine Gas-, der andere eine Ölheizung.

Als Führungsfahrzeug für die Zugtruppe der Angriffszüge liefen in Frankfurt 5 Funkkommandowagen Fukow der Auto Union/DKW Munga F 91/4, Baujahr 1962. Zwei dieser Fahrzeuge wurden in Frankfurter Lackierung umgespritzt und dienten als Führungsfahrzeug des Wasserrettungszuges und als Kleinlöschfahrzeug für die unterirdischen Anlagen des Nordwestzentrums.

Vorauslöschfahrzeug VLF, Tanklöschfahrzeug TLF 8, Tanklöschfahrzeug TLF 16

Das VLF hat eine Staffelbesatzung von 1/5 und war gedacht, als erstes in vertrümmerte Brandstellen vorzudringen, um nachfolgenden Fahrzeugen eine Gasse zu schlagen. Mit einer 1,5-t–Vorbauseilwinde sollten Trümmer aus dem Weg geräumt werden. Eingebaut war ein 300 l fassender Löschwassertank, mittels einer Tragkraftspritze TS 2/5 (200 l/min bei 5 bar) konnte ein Erstangriff durchgeführt werden. Die Ausrüstung war für einen Angriff mit C- und D-Schläuchen ausgelegt und entsprach ungefähr dem Löschkarren.

Auch bei dem Typ TLF 8 handelt es sich um Mercedes Unimog S 404.1 der 1,5-t-Klasse. Frankfurt besaß 24 Fahrzeuge dieser Art. Der Aufbauhersteller war Klöckner Humboldt Deutz, die Pumpe mit nominell 800 l/min Leistung erbrachte effektiv 1600 l/min und stammte von Ziegler oder Metz. Der Löschwassertank mit einer Schnellangriffseinrichtung enthielt 800 l Wasser. Diese geländegängigen und wendigen Fahrzeuge haben sich bei der Waldbrandkatastrophe in Niedersachsen hervorragend bewährt.

Das Fahrgestell des TLF 16 ist ein Klöckner Humboldt Deutz Mercur 125 A mit einem Aufbau von Wilhelm Thiele, Bremen, und ist im selben Stil wie die LF 16 und der SKW gestaltet. Die Feuerlöschkreiselpumpe FP 16/8 leistet 2400 l/min, und der Löschwassertank hat einen Inhalt von 2400 l. Der Schnellangriff ist ein formbeständiger Schlauch S 28, 30 m. Somit unterscheidet sich das Fahrzeug bis auf die Aufbaukonstruktion nicht von den genormten TLF 16. In Frankfurt gab es 3 Fahrzeuge dieser Art.

Löschgruppenfahrzeug LF 16-TS

Die LF 16 der LS-Feuerwehrbereitschaften waren auf Magirus-Fahrgestellen aufgebaut. Der Aufbau der acht Fahrzeuge stammte von der Firma Rathgeber/München und von der Niedersächsischen Waggonfabrik Elze. Im Heck war eine Tragkraftspritze TS 8/8 eingeschoben. Die Pumpe FP 16/8 war ebenfalls eine Heckpumpe und leistete maximal 2400 l/min. Ansonsten entsprach die Ausrüstung der Norm. Auch hier war die Mannschaft in dem abnehmbaren Kofferaufbau untergebracht.

Für die Löschzüge W und R nach dem neuen Konzept wurden auch neue LF 16/TS angeschafft.

1986 erhielten Eschersheim, Heddernheim, Nied und Rödelheim Mercedes MB LAF 1113 B mit einem OWR-Aufbau.

1988 und 89 folgten Bonames, Berkersheim, Enkheim, Fechenheim, Griesheim, Kalbach, Nieder-Eschbach, Niederrad, Seckbach und Zeilsheim mit LF 16-TS Iveco-Magirus 90-16 AW und Lentner-Aufbau. 1991 erhielten Fechenheim, Ginnheim, Praunheim, Rödelheim und Sindlingen Fahrzeuge Mercedes-Benz MB LAF 1113 B mit einem Aufbau von Wackenhut. Die Pumpen stammten von Magirus und Ziegler.

Hilfsrüstwagen HRW, Gerätekraftwagen GKW, Rüstwagen RW 1

Die zwei Vorauslöschfahrzeuge von Sindlingen und Unterliederbach wurden zu Hilfsrüstwagen HRW umgebaut. Welche Umbauten geschahen und die Ausrüstung lassen sich nicht mehr ermitteln.

Frankfurt besaß einen einzigen Gerätekraftwagen GKW auf Magirus Deutz Mercur 120 A mit einem Nato-Kofferaufbau von Linke-Hofmann oder Busch. Das anfänglich khakifarbene Fahrzeug wurde in eigener Spritzlackiererei in die Frankfurter Rot-Weiß-Lackierung umgespritzt. Der Geräteraum hatte eine Seitentür rechts, und von einem Mittelgang waren rechts und links die Geräte für Hilfeleistungen zu entnehmen. Das Fahrzeug stand in Heddernheim.

Zwischen 1984 und 1990 wurden insgesamt neun RW 1 nach Frankfurt geliefert. Die RW 1 entsprechen der Norm und führen Hilfeleistungsgeräte mit. Am Fahrzeugheck ist ein 1000-W-Scheinwerfer an einem auskurbelbaren Lichtmast angebracht. Zur Ausrüstung gehört ein tragbarer 5-kVA-Generator, die Vorbauwinde leistet 5 kN (t) und stammt von Rotzler.

RW 1 auf Unimog U 1300 L/37 mit OWR-Aufbau erhielten 1984 und 85 die Feuerwehren von Berkersheim und Griesheim.

Die Mercedes-Benz Unimog U 1300/L 37/Wackenhut aus den Jahren 1986, 88 und 90 wurden an Bergen, Bonames und Enkheim vergeben.

Eschersheim, Sindlingen und Sossenheim erhielten VW/MAN 8.136 mit einem OWR-Aufbau aus den Jahren 1987/88.

Diese kleinen und wendigen Fahrzeuge leisteten sehr gute Dienst und auf dem flachen Land, wo es keine Hilfeleistungszüge gibt, sind diese Fahrzeuge durch Einsätze bei Verkehrsunfällen sehr stark frequentiert.

Schlauchkraftwagen SKW

In Frankfurt gab es einen, maximal zwei SKW auf Magirus-Deutz Mercur 125 A, Baujahr 1964 oder später. Der Aufbau war ebenfalls wie die TLF und LF der damaligen Serie der Großfahrzeuge der LS-Feuerwehrbereitschaften nach militärischen Gesichtspunkten gestaltet und die Mannschaftskabine befand sich im Aufbaukoffer. Ausrüstungs- und funktionsmäßig entsprach das Fahrzeug in etwa dem genormten Schlauchwagen SW 2000.

Führungs- und Versorgungsfahrzeuge

Bei diesen Fahrzeugen handelt es sich um einen BMW 318i von 1988, einen Mercedes-Benz Kombi MB 300 GD, baugleich den Einsatzleitwagen der BF als Kommandowagen 4, einen VW-Bus Typ 3 von 1985 als Kommandowagen 2, einen Mercedes-Bus MB 307 D als Kommandowagen 1 von 1987 sowie einen Klein-Lkw (GW 33) MB 508 D mit Plane und Ladebordwand von 1989. Die Kommandowagen entsprechen den Einsatzleitwagen 1 und 2 nach Norm (kleine und mittlere Größe), und der GW 33 mit Gruppenkabine dient dem Nachschub mit Mannschaft und Gerät. Seit es die Neuregelung im Katastrophenschutz gibt, hat die Branddirektion die Fahrzeuge des Bundes übernommen. Sämtliche Fahrzeuge dieser Art waren in Orange RAL 2004 lackiert. Als erstes Fahrzeug wurde der BMW 318i umgewidmet und dient jetzt als Führungsfahrzeug der Abt. 37.24 Rettungsdienst. Der VW-Bus Typ 3 wurde der Höhenrettungsgruppe zugeordnet und erspart dem Team das umständliche Beordern eines Fahrzeuges der Abt. Einsatz und Organisation 37.21. Alle anderen Fahrzeuge stehen jetzt als Verstärkung für obengenannte Abteilung zur Verfügung und wurden letztlich in RAL 3000 umlackiert.

Der Gewässerschutzzug GWZ

Seit Mitte der achtziger Jahre häuften sich die Einsätze im Bereich der Öl- und Chemieunfälle, die Gewässer aller Art verunreinigen konnten. Es wurden in Frankfurt Überlegungen angestellt, die berufsmäßigen Einheiten, die mit dieser Problematik beschäftigt sind, zu entlasten. Im Rahmen der guten Zusammenarbeit zwischen Technischem Hilfswerk und der Freiwilligen Feuerwehr wurde erstmals eine fachübergreifende Einheit, der Gewässerschutzzug aufgestellt. 1987 wurde diese Einheit gegründet. Sie setzt sich zusammen aus dem Instandsetzungszug des THW mit Zugfahrzeugen und Trailern mit Sturmbooten. Seitens der Freiwilligen Feuerwehr Rödelheim wird ein Löschgruppenfahrzeug LF 16-TS eingebracht und von der BF wird ein Wechselladeraufbau zur Verfügung gestellt, der ähnlich dem WLA Öl des Ölalarmzuges ausgestattet ist. Gemeinsam können diese Einheiten einen Ölalarmeinsatz zu Wasser mit ihrer Ausrüstung bewältigen wobei es um das Ausbringen von Ölsperren, die Bindung von Öl und den Abtransport des ölverseuchten Bindemittels geht. Die Ölsperren werden mit Hilfe der Pontons und Boote des THW ausgebracht, die FF Rödelheim übernimmt die Aufgabe der Entsorgung des verseuchten Bindemittels sowie die Ausbringung von Bindemitteln. Diese Einheit arbeitet und übt gemeinsam und hat in mehreren Einsätzen beweisen können, daß ein eingespieltes Team am Werk ist.

311 *Der Gewässerschutzzug GWZ, ein Zusammenschluß zwischen THW und FF Rödelheim, ist in seiner Art einmalig in Deutschland.*

DER GEWÄSSERSCHUTZZUG

312 *Die Feldkochanhänger FKA der FF Enkheim und Seckbach von Progress in stationärem Einsatz. Die Anhänger-Fahrgestelle werden vom Herd getrennt. „Verpflegungsauftrag" besteht u.a. beim alljährlichen Marathonlauf durch die Frankfurter City.*

313 *Tanklöschfahrzeug TLF 8 auf Mercedes-Benz Unimog S 404.1 mit Klöckner-Humboldt-Deutz-Aufbau der FF Rödelheim. 800-Liter-Wassertank, Schnellangriff S 32, Pumpe 1600 l/min. Frankfurt besaß 24 dieser Fahrzeuge, und außergewöhnlich für den Zivilschutz war die Umlackierung ins Frankfurter Rot-Weiß-System. Das Fahrzeug wurde übrigens nach New York verkauft!*

314 *Drei LF 16 TS auf Mercedes-Benz 1113 mit Aufbauten verschiedener Hersteller.*

DER GEWÄSSERSCHUTZZUG

315 *Rüstwagen RW 1 auf Unimog U 1300 L mit Aufbau von OWR (1984) der FF Berkersheim. Griesheim erhielt 1985 ein baugleiches Fahrzeug. Insgesamt laufen 9 RW 1 in Frankfurt. Gemeinsam ist allen Fahrzeugen die Vorbauseilwinde mit 5 kN Zugkraft von Rotzler, der ausfahrbare 1000-Watt-Scheinwerfer am Heck sowie der tragbare 5-kVA-Generator.*

316 *Gerätekraftwagen (GKW) der FF Heddernheim. Der Magirus Deutz 120 L Mercur mit Linke-Hoffmann-Busch-Aufbau von 1964 wurde von Khakigrau in Frankfurter Rot-Weiß-Lackierung umgestaltet. Der Mannschaftsraum befand sich im Kofferaufbau, die einem Rüstwagen ähnelnde Ausrüstung war im Aufbau rechts und links eines Mittelganges gelagert und von außen nicht zugänglich.*

DER GEWÄSSERSCHUTZZUG

317 *Führungs- und Versorgungsfahrzeuge des KatS, von links nach rechts: BMW 318i (1988); Kommandowagen 4 MB 300 GD (1988); KdoW 2 VW Typ 3 (1985); KdoW 1 technische Einsatzleitung MB 307 D (1987); Gerätewagen GW 33 MB 508 (1989) mit Ladebordwand. Dieses Foto ist historisch, da bis auf den GW bereits alle Fahrzeuge rot lackiert sind: Der BMW dient dem Einsatzleiter-Rettungsdienst (siehe Bild 271), der 300 GD wurde Reserve-ELW, der VW Typ 3 steht der Höhenrettungsgruppe zur Verfügung, und der KdoW 1 ist bei der Abteilung 37.21 gelandet.*

Der ABC-Zug
ABCZ

Dieser Zug wurde in den fünfziger Jahren am Modell der Bundeswehr konzipiert. ABC heißt atomare, biologische und chemische Kampfstoffe – und der Grundgedanke ist, kontaminierte Personen und Gerätschaften zu entgiften. Der Stärke- und Ausstattungsnachweis STAN vom Mai 1984 teilt den ABC-Zug in vier Einheiten ein.
1. Zugtrupp als Führungseinheit (1 Zugtruppwagen als Führungseinheit ZtrKW, 1 VW-Bus Kombi, 1 Krad, Stärke 1/7);
2. Erkundungsgruppe (mit 2 ABC-Erkundungskraftwagen ABC ErkKW, in Frankfurt A und C ErkKW genannt auf VW-Bussen, Stärke 8 Mann);
3. Dekontaminationsgruppe Personen (mit einem Kombi-Bus, 1 Lkw zu beordern, zum Transport von 3000 l Wasser in Behältern, 1 Dekontaminationsmehrzweckfahrzeug mit Entgiftungsanhänger DMF, E-Anh. 14 Mann);
4. Dekontaminationsgruppe G Geräte (1 Kombi, 1 Lkw zwecks Transport von 3000 l Wasser, 1 Lkw zum Transport von Dekontaminationsgerätschaften, 12 Mann).

Somit ist der nominelle Personalbestand mit 1/41 anzusetzen. In Frankfurt gibt es den ABC-Zug seit 1981, jedoch die vierte Komponente, Dekontaminationsgruppe G, fehlt. War der Zug voll besetzt, standen ca. 30 Mann zur Verfügung. Rekrutiert wurde diese Sondereinheit durch wehrfreigestellte Kollegen der BF und der Freiwilligen Wehren, die ihre seinerzeit zehnjährige Dienstzeit im ABC-Zug ableisteten. Stationiert ist diese Einheit auf der Feuerwache 8 in der Nordweststadt und wird von der Abteilung 37.43 Umweltschutz betreut. Die vierte Gruppe Dekontamination gibt es in Frankfurt nicht, auch wird auf den Wassertransport per Lkw verzichtet, da es genug Tanklöschfahrzeuge des Katastrophenschutzes gibt.

Diese Einheit, gestaltet nach nicht mehr ganz zeitgemäßen Konzepten, könnte friedensmäßig auch im Rahmen des Umweltschutzes bei Gefahrguteinsätzen tätig werden. 1990 stellte der Branddirektor der BF Koblenz, Dipl.-Ing. Farrenkopf, heute Chef in Hamburg, ein Konzept vor, das die ABC-Züge in die Gefahrgutzüge des Landes Rheinland-Pfalz integrierte. Das Konzept wurde dem Bundesamt für Zivilschutz zur Diskussion vorgestellt, jedoch hört man bis heute nicht allzuviel von dieser vorgestellten Idee. Frankfurt wiederum schaffte eine neue Lösung, indem dem klassischen ABC-Zug ein eigens konstruierter Wechselladeraufbau WLA Dekon zur Seite gestellt wurde. Der WLA Dekon aus dem Jahre 1993 dient geräte- und ausstattungsmäßig der Ergänzung des Zuges und ersetzt die Aufgaben der geschilderten Fahrzeuge der Gerätedekontaminationsgruppe des ABC-Zuges.

War dieser Zug die meiste Zeit nur übungsmäßig eingesetzt, erfolgte der erste ernstfallmäßige Einsatz beim Schadstoffaustritt im Werk Griesheim der Hoechst AG im Jahre 1993, bei der Teile des Stadtteiles Schwanheim kontaminiert wurden. Der übungsmäßige Ablauf eines ABC-Zug-Einsatzes sieht folgendermaßen aus:

Durch eine kontrollierte Gasse gelangen die Einsatzkräfte zu einem Zelt. Persönliche Ausrüstung und Kleingeräte werden an Sammelpunkten abgelegt. Im ersten Zelt wird sich der Kleidung entledigt, und von dort aus geht es in ein zwischengelagertes Duschzelt, es wird geduscht, und in einem nachgeschalteten Zelt wird neue Kleidung an die Personen ausgegeben. Vom Dekontaminationsfahrzeug aus geschieht die Versorgung mit Heißwasser; verbrauchtes Wasser wird in Spezialbehältern aufgefangen. Ebenfalls stehen Behältnisse zur Entsorgung verseuchter Kleidung und Ausrüstungsgegenstände zur Verfügung. Eine weitere Gruppe dekontaminiert derweil Einsatzfahrzeuge mit Hilfe eines Dampfstrahlreinigers des Entgiftungsanhängers und einer Schlauchwaschbürste, versorgt vom DMF.

Das gesamte Verfahren entspricht sinngemäß der Personen- und Fahrzeugdesinfektion im Rettungsdienst und unterteilt sich in unreine und reine Seite. Ob dieses Verfahren bei Großkatastrophen wie Tschernobyl oder einem möglichen Reaktorunglück in Biblis anwendbar ist, mag dahingestellt sein, da die Kapazitäten eines oder mehrerer ABC-Züge nicht auf die Versorgung von ganzen Bevölkerungsteilen ausgelegt sind.

Nachdem die Verpflichtung vieler Helfer bereits abgelaufen ist, stehen momentan nur noch ca. 15 Personen für diese Aufgabe bereit.

Die Fahrzeuge des ABC-Zuges

Zugtruppkraftwagen ZTrKW und ABC-Erkundungskraftwagen ABC-ErkKW

Hier handelt es sich um VW-Busse, Typ 3 von 1983 und den VW-Bus, Typ 3 von 1981, als Kommandowagen 7, alle Fahrzeuge sind der Aufgabenstellung entsprechend mit Funk ausgerüstet, die Erkundungsfahrzeuge führen entsprechende Strahlennachweis- und sonstige Meßgeräte mit.

Dekontaminationsmehrzweckfahrzeug DMF

Das DMF MAN 13.168 HA (1981) Pritsche mit ausklappbarer Plane führt 1500 l Wasser samt Durchlauf-erhitzer für den Duschbetrieb sowie einen Tank für die Aufnahme kontaminierten Wassers mit. Ferner gehören die Zelte der reinen und unreinen Seite zur Ausrüstung, das Duschzelt wurde auf den WLA Dekon verlagert. Ein 5-kVA-Generator sorgt für die Energieversorgung mit Strom, ferner werden Tragkraftspritzen TS 2/5 und 5/5 mitgeführt. Das Fahrzeug verfügt über eine Sprüheinrichtung zur Benetzung größerer Flächen und führt Kleingeräte wie Auffangwannen für kontaminierte Gegenstände, Absperrmaterialien und Warnschilder sowie Werkzeuge mit. Ebenfalls gehören zur Ausrüstung diverse Reinigungsmittel, Entgiftungsstoffe, Netzmittel sowie persönliche Schutzausrüstung für die Trupps.

Entgiftungsanhänger

Dieser Anhänger enthielt ein Dampfstrahlreinigungsgerät, 2 Schubkarren sowie weitere diverse Kleinteile zur Großreinigung der Fahrzeuge und Geräte und wurde mit Indienststellung des WLA Dekon außer Dienst gestellt.

WLA DEKON

Dieser Wechselladeraufbau wurde von Spezialisten der Abteilung 37.43 Umweltschutz im Jahre 1993 entwickelt und in Eigenregie gebaut. Der Container führt einen 1600-l-Tank für dekontaminierte Flüssigkeit mit; ein Dampfstrahler und ein Schadstoffsauger, Atemschutzgeräte und Vollschutzanzüge, eine Tauchpumpe, Kleingeräte und Armaturen wie auch diverse Reinigungsmittel gehören zur Ausrüstung des WLA. Diese Einheit übernimmt die Aufgaben der vierten Einheit des ABC-Zuges.

318 *Der ABC-Zug, bestehend aus dem Dekontaminationsfahrzeug DMF auf MAN 13.168 von 1981, 2 ABC-Erkundungskraftwagen ErkKW von 1983 auf VW Typ 3 und Kommandowagen KdoW von 1981. Nicht dargestellt der Entgiftungsanhänger.*

DIE FAHRZEUGE DES ABC-ZUGES

319 *Eine bundesweite Besonderheit stellt der von der Feuerwehr Frankfurt konzipierte Wechselladeraufbau WLA Dekon von 1993 dar. Die Ausrüstung des ABC-Zuges wurde wesentlich erweitert, das Gerät des Entgiftungsanhängers hier übernommen.*

Nachtrag zu Band 1:

320 *Seit Juli 1995 im Dienst und daher erst in diesem Band vertreten: die neue DLK 23-12 CC der Feuerwache 2 in der Burgstraße, Typ Mercedes-Benz 1124 Automatic mit Straßenfahrgestell. Besonderheit dieses Fahrzeugs ist die lenkbare Hinterachse, die gerade auf engen Straßen die Beweglichkeit erhöht.*

321 *Fünf Leitergenerationen von 1980 bis 1995 auf einen Blick*

Bildnachweis

Titelbild: Fotostudio Mychalzik; Karl-Heinz Rhein: 1; Archiv Krawietz: 2; Archiv Branddirektion Frankfurt: 3, 9, 10, 19, 31, 36, 39, 52, 54-56, 64, 66, 77, 90-93, 121, 127, 142, 143, 147, 148, 177, 178, 181-183, 191, 196, 202, 204, 205, 211, 216, 219, 221, 223-229, 235; Ade de Rooy: 4; Mathias Schmidt: 5, 6, 8, 12-16, 22, 23, 25, 27, 30, 37, 38, 40, 47, 50, 53, 57, 59, 60, 61, 67, 71-76, 79, 83, 85, 86, 88, 96, 98-102, 104, 105, 107-109, 111, 113, 117-119, 125, 126, 130-137, 144, 149, 152, 155, 157, 160, 164, 165, 180, 186, 188-190, 192, 197, 198, 209, 210, 212, 213, 215, 222, 231, 232, 234, 238, 239-244, 250, 252-260, 262, 266-268, 277-282, 286-288, 291-296, 298-301, 303-313, 315, 317-321; Werner Romann: 7, 11, 45, 63, 112, 150, 159, 161, 230, 245, 275, 290; Archiv Herth: 17, 18, 218; Thomas W. Herminghaus: 21, 24, 65, 69, 70, 94, 95, 128, 145, 207, 316; Archiv Michael Hartmann: 26, 141; Michael Hartmann: 28, 29, 35, 41-43, 46, 48, 49, 68, 78, 82, 87, 97, 103, 110, 115, 116, 120, 138, 146, 152, 156, 158, 171-173, 187, 193, 194, 198-201, 203, 206, 217, 237, 246, 248, 265, 274, 275; Archiv Ralf Hoffmeister: 179; Archiv Robert Volk: 122; Jürgen Eube: 123, 285; Michael Wolfram: 58, 185, 208, 247, 272, 297; Archiv FF Ginsheim: 302; Archiv FF Rödelheim: 273; Archiv FF Oberrad: 283; Archiv FF Enkheim: 276, 284, 289; Holger Chobotzky: 106, 166, 167, 174-176, 214, 270, 271; Jochen Kister: 89; Egon Senftleben: 81; Harald Nöbel: 124, 233, 236, 251; Reinhard Merlau: 62, 114; Dieter Ebert: 162, 163; Bildagentur Lade: 151; Archiv Magirus-Deutz: 20; Rolf Oeser: 51; Archiv Feuerwache 7: 129; Jürgen W. Vogler: 154; Werkbild Ziegler: 84; Hans-Jürgen Stiehl: 44; Archiv Prof. Dipl.-Ing. Ernst Achilles: 168, 169, 170; Manfred Weiler: 184; Archiv Rohrberg: 220; Norbert Grandt: 261.

Besonderen Dank gilt den einzelnen Wachabteilungen der Frankfurter Feuerwachen sowie Martin Kraushaar, Foto Gennrich und Foto Hoffmann für die fototechnische Unterstützung.